RELATOS DA CHINA E DA ÍNDIA

TRADUÇÃO E PESQUISA
Pedro Martins Criado

ILUSTRAÇÕES
Sandra Jávera

Tabla.

RELATOS
DA
CHINA
E DA
ÍNDIA

*Abu Zayd
al-Hasan al-Sirafi*

9 **[O primeiro livro de
   Relatos da China e da Índia]**
13 O terceiro mar
27 Relatos sobre as terras da Índia e da China,
   e sobre seus reis

51 **O segundo livro de
   Relatos da China e da Índia**
75 Menção à cidade de Zabaj
85 Retomada dos relatos da China e menção
   a alguns assuntos
95 Alguns relatos da Índia
113 Menção à pérola

120 **Posfácio do tradutor**
121 Do *Relatos*
138 Do texto em circulação

146 Bibliografia
150 Sobre a ilustradora
151 Sobre o tradutor

[O PRIMEIRO LIVRO DE RELATOS DA **CHINA** E DA **ÍNDIA**]

... como uma vela. Sempre que levanta a cabeça acima da água, vê-se que coisa imensa ele é. Com frequência, esguicha água pela boca, como um grande farol. Se o mar se acalma e os peixes se reúnem, ele os envolve com seu rabo; então abre a boca, e os peixes são vistos em sua garganta como se afundassem num poço. Os barcos que estão neste mar o temem e, à noite, os tripulantes batem tábuas de madeira como as dos cristãos, com medo de que ele atinja o barco e o faça naufragar.

[1] Cúbito: "braço"; antiga unidade de medida altamente variável de acordo com a região e o período. Os menores registros medem aproximadamente 49 cm ("cúbito legal") e os maiores, 66 cm ("cúbito real persa"). [Todas as notas são do tradutor.]

Neste mar, caçamos um peixe de vinte cúbitos[1] de comprimento. Quando abrimos sua barriga, tiramos de lá outro peixe do mesmo tipo e, quando abrimos a barriga do segundo, lá havia mais um peixe como ele — todos vivos e se debatendo, semelhantes uns aos outros em aparência. Esse peixe grande é chamado de *wal*. Há outro peixe, chamado *lachak*, que mede apenas um cúbito; se, apesar da sua imensidão, o *wal* se excede em sua tirania e causa danos aos demais peixes do mar, este pequeno peixe o domina, entrando em seu ouvido, e não sai até que o tenha matado. O *lachak* gruda nos barcos; então o peixe grande, temendo o pequeno, não se aproxima da embarcação.

Neste mar, há também um peixe cujo rosto se parece com o de um ser humano, e que voa acima da água. O nome desse peixe é *mij*. Outro peixe o observa debaixo d'água e, quando ele cai, o engole. Esse peixe é chamado de *anqatus*. Todos os peixes comem uns aos outros.

O TERCEIRO MAR

O terceiro mar é o mar de Harkand. Entre ele e o mar de Larawi há muitas ilhas. Diz-se que são mil e novecentas ilhas que fazem fronteira entre esses dois mares — Larawi e Harkand. Uma mulher governa essas ilhas. Enormes âmbares cinza surgem por lá; um pedaço pode ser grande como uma casa, ou quase isso. Esse âmbar brota no fundo do mar como uma planta. Se a agitação do mar se intensifica, ele é lançado do fundo como um cogumelo ou uma trufa. Essas ilhas que a mulher governa são repletas de coqueiros. A distância entre uma ilha e outra é de duas, três ou quatro parasangas[2], e todas estão repletas de gente e de cocos. Seus habitantes usam cauris como dinheiro, e a rainha os armazena em cofres. Diz-se que não há melhores artesãos que o povo daquela ilha, e que fazem até camisas inteiras, com mangas, fendas e bolsos, no tear. Eles constroem barcos e casas, e executam todos os demais trabalhos com esse mesmo nível de habilidade. Os cauris — que têm alma animal — lhes vêm na superfície da água. Eles pegam uma palma de coqueiro, jogam na superfície e os cauris se penduram nela. Eles os chamam de *kabtaj*.

[2] Parasanga: antiga unidade de medida persa correspondente a aproximadamente 5,5 km.

A última dessas ilhas é Sarandib, no mar de Harkand. É a principal entre todas essas ilhas, as quais são chamadas Brocados. Em Sarandib, há lugares em que se mergulha para pegar pérolas. O mar circunda a ilha inteira. Em suas terras, há uma montanha chamada Rahun[3]; foi sobre ela que descendeu Adão — que a paz esteja com ele —, e sua pegada está nas pedras do topo dessa montanha, afundada na rocha. Há somente uma pegada; diz-se que Adão — que a paz esteja com ele — estava com o outro pé no mar. Diz-se que essa pegada que está no topo da montanha mede quase setenta cúbitos. Ao redor dessa montanha, há minas de pedras preciosas: rubis, topázios e safiras azuis. Nessa ilha, há dois reis. É uma ilha enorme e vasta, onde há pau-de-águila, ouro e pedras preciosas; em seu mar, há pérolas e *chanks*, que são aquelas trombetas em que se assopra, coletadas pelos habitantes.

Quando se navega para Sarandib, vê-se que há ilhas neste mar que, embora não sejam numerosas, têm extensões imprecisas. Uma delas é a ilha chamada Ramani, onde há muitos reis. Diz-se que sua extensão é de oitocentas ou novecentas parasangas. Lá, há minas de ouro e minas chamadas *fansur*, de onde se extrai cânfora de boa qualidade.

Depois dessas ilhas, há outras, entre as quais uma chamada Niyan. Seus habitantes têm muito ouro. Seu alimento é o coco, tanto como

[3] Rahun: Sri Pada, ou Pico de Adão; ponto de peregrinação para hindus, budistas e alguns cristãos e muçulmanos (sobretudo, sufis) até os dias atuais.

condimento quanto como óleo. Quando um deles quer se casar, deve trazer o crânio de um inimigo. Se ele mata dois, casa-se com duas mulheres. Da mesma maneira, se ele mata cinquenta, casa-se com cinquenta mulheres em troca de cinquenta crânios. O motivo disso é que eles têm muitos inimigos, então quanto mais alguém ousa matá-los, mais desejável o consideram. Nessa ilha — refiro-me a Ramani —, há muitos elefantes, sapão[4] e bambu. Nela, há um povo que come gente. A ilha se localiza entre dois mares: Harkand e Salaht.

Depois, estão as ilhas chamadas Lanjabalus. Nelas, vivem muitas pessoas nuas, homens e mulheres, exceto por uma folha de árvore que cobre as vergonhas das mulheres. Quando as embarcações passam, eles vão até elas em barcos pequenos e grandes, e negociam com a tripulação âmbar cinza e coco em troca de ferro e o que mais necessitam de vestimentas, pois a terra deles não é quente nem fria.

Atrás dessas ilhas, há outras duas e, entre elas, um mar chamado Andamão. Seus habitantes comem gente viva. Eles são negros, têm cabelos bem crespos, rosto e olhos horríveis, e pernas compridas. O "pé" de um deles chega a medir quase um cúbito — quer dizer, seu pênis —, e todos andam nus. Eles não têm barcos; se tivessem, comeriam todas as pessoas que por ali navegassem. Às vezes, embarcações passam por eles lentamente, delongando-se no percurso pela falta de vento. Quando a água acaba, os tripulantes

[4] Sapão, sapaão ou sapanga (*Caesalpinia sappan*): em árabe, *al-baqqam*; referência à árvore conhecida atualmente como *al-baqqam al-hindi*, ou pau-brasil-da-índia.

se aproximam da ilha para pegar água. Com frequência, os habitantes capturam alguns deles, mas a maioria escapa.

Depois dessa ilha, há montanhas fora da rota dos barcos. Diz-se que nelas há minas de prata. São inabitadas e nem toda embarcação que as almeja as alcança. De fato, uma das montanhas — chamada Khuchnami — só foi descoberta porque um barco passou por ela, avistou-a e dirigiu-se até lá. Quando amanheceu, os tripulantes desceram num bote e foram pegar lenha. Acenderam uma fogueira e a prata começou a transbordar, então souberam que ali havia uma jazida. Carregaram o quanto dela quiseram, mas, quando zarparam, o mar se agitou e tiveram que jogar fora tudo o que haviam pegado. Desde então, pessoas se preparam para ir até aquela montanha, mas não a encontram. Há muito disso no mar: incontáveis ilhas proibidas que os marinheiros não encontram e outras que não conseguem alcançar.

Com frequência, vê-se neste mar uma nuvem branca encobrir as embarcações. Um filete longo e fino se projeta dela até tocar a água do mar, que ferve como um ciclone. Se o ciclone alcança a embarcação, ele a engole. Então, essa nuvem sobe e verte uma chuva que contém detritos do mar — não sei se a nuvem drena essa água do mar nem como isso se dá.

Em cada um desses mares, bate um vento que agita suas águas até ferverem como um caldeirão;

então, o que havia nelas é jogado às ilhas que lá existem, quebrando embarcações e lançando enormes peixes mortos. Às vezes, rochas e montanhas são lançadas como flechas disparadas de um arco.

O mar de Harkand tem um outro vento que sopra do oeste em direção ao Grande Carro, que faz o mar ferver como um caldeirão, emergindo dele muito âmbar cinza. Quanto mais amplo e fundo é o mar, melhor o âmbar. Se as ondas desse mar — refiro-me ao mar de Harkand — aumentam muito, você as vê como um fogo flamejante. Nesse mar, há um peixe chamado *lukham*, um predador que engole gente...[5]

[5] Há uma lacuna neste ponto, o que pode indicar a ausência de uma ou mais páginas do texto original.

... tudo isso em suas mãos, então há poucas mercadorias. Entre as causas da escassez de mercadorias, está o incêndio que às vezes ocorre em Khanfu, o porto dos navios e o posto comercial entre os árabes e o povo da China. O incêndio atinge as mercadorias, pois lá as casas são de madeira e palmas partidas. Há escassez também quando as embarcações de importação e exportação quebram, ou suas tripulações são pilhadas ou forçadas a longas estadias em outros lugares, vendendo suas mercadorias em outras terras que não as dos árabes. Às vezes, o vento lança os barcos para o Iêmen ou para outra região, e a tripulação vende as mercadorias por lá. Às vezes, prolongam sua estadia para consertar suas embarcações e resolver outros problemas.

Sulayman, o mercador, menciona que em Khanfu, que é o posto comercial, há um muçulmano designado pelo senhor da China para julgar casos entre os muçulmanos que se dirigem àquela região — o rei da China assim o determina. Quando há um feriado, esse homem reza com os muçulmanos, discursa e louva o sultão dos muçulmanos. Os mercadores iraquianos nunca repudiam nenhum dos veredito proferidos por essa autoridade; seu trabalho é correto e está de acordo com o livro de Deus — glorioso e altivo seja — e com as leis do Islã.

Quanto aos locais que os mercadores almejam e para onde vão: dizem que a maioria dos navios

chineses são carregados em Siraf. As mercadorias são levadas de Basra, do Omã e de outros lugares para Siraf, onde são carregadas nos navios chineses. Isso ocorre porque, em outras partes deste mar, há muitas ondas ou água rasa.

A distância entre Basra e Siraf por mar é de cento e vinte parasangas. Quando as mercadorias são carregadas em Siraf, a tripulação se abastece de água potável e "arranca" — expressão que os marinheiros utilizam e que significa zarpar — para um local chamado Mascate, que é o fim do território do Omã. A distância de Siraf até lá é de aproximadamente duzentas parasangas. A leste desse mar, entre Siraf e Mascate, estão terras como Sif Bani al-Saffaq e a ilha de Ibn Kawan. Nesse mar, localizam-se as montanhas do Omã, onde há um lugar chamado Turbilhão, um estreito entre duas montanhas pelo qual passam os navios pequenos, não os navios chineses. Há também duas montanhas chamadas Kusayr e Uwayr, das quais somente uma pontinha aparece acima da água. Quando ultrapassamos as montanhas, chegamos a um local do Omã chamado Sohar. Nós nos abastecemos de água potável num poço que há em Mascate. Lá, vendem-se ovelhas das terras do Omã.

As embarcações arrancam de lá para a Índia, em direção a Kulam Mali. A distância de Mascate até Kulam Mali é de um mês com o vento estável. Em Kulam Mali, há um posto militar que coleta impostos dos navios chineses; lá também há poços de água potável. São cobrados dos chineses mil *dirhams*, e dos outros navios, entre dez e um dinar. Entre Mascate, Kulam Mali e Harkand tarda-se mais ou menos um mês. Em Kulam Mali, eles se abastecem de água potável.

    Então, as embarcações arrancam — ou seja, zarpam — para o mar de Harkand. Quando o atravessam, chegam a um lugar chamado Lanjabalus. Seus habitantes não entendem a língua dos árabes, nem nenhuma outra língua que os mercadores conhecem. São um povo que não veste roupas; são brancos e sem barba. Os mercadores mencionam que nunca viram uma mulher de lá — isso porque os homens saem da ilha e vão até eles em canoas entalhadas de uma peça de madeira única, levando coco, cana-de-açúcar, banana e uma bebida de coco. Essa bebida é branca e, se bebida logo que extraída do coco, é doce como o mel; se deixada por uma hora, torna-se uma bebida alcoólica; e se deixada por dias, torna-se vinagre. Vendem isso em troca de ferro. Às vezes, conseguem pequenas quantidades de âmbar cinza, que vendem por pedaços de ferro. Eles só negociam por meio de sinais, pois não entendem a língua dos mercadores. São nadadores habilidosos, e às vezes roubam o ferro dos mercadores sem lhes dar nada.

    Então, as embarcações arrancam para um local chamado Kalah Bar. *Bar* significa tanto "reino" como "costa". Trata-se do reino de Zabaj, seguindo

à direita das terras da Índia; a população está
reunida sob um só rei. As vestimentas do povo
de lá são aventais de cintura; tanto o nobre como
o pobre usam uma peça única. As tripulações
se abastecem nos poços de água doce que há ali;
preferem a água dos poços às águas das fontes e da
chuva. A distância de Kulam — que fica perto de
Harkand — até Kalah Bar é de um mês.

 Então, as embarcações seguem para um local
chamado Tiyuma, onde há água doce à vontade.
A distância até lá é de dez dias. Em seguida, as
embarcações arrancam para um local chamado
Kanduranj, a dez dias de distância, onde também
há água doce para quem a quiser. O mesmo
acontece com as ilhas da Índia: quando se cava
um poço, encontra-se água doce. Em Kanduranj,
há uma montanha com vista para o mar, para onde,
às vezes, vão os fugitivos — sejam eles escravos
ou ladrões.

 Então, as embarcações rumam para um lugar
chamado Sanf, um percurso de dez dias. Lá,
há água doce, e de lá vem o pau-de-águila *sanfi*.
Eles têm um rei e são um povo moreno; todos
vestem dois aventais de cintura. Depois de se
abastecerem de água potável, as embarcações
arrancam para um local chamado Sandar Fulat,
que é uma ilha no mar. A distância até ela é de dez
dias; lá, há água doce também.

 Então, as embarcações arrancam para o mar
conhecido como Sankhi, e depois para os Portões

da China, montanhas no mar entre as quais há um canal por onde passam as embarcações.

Se Deus assegura a travessia até Sankhi desde Sandar Fulat, a embarcação arranca para a China e chega em um mês — desde as montanhas por onde as embarcações passam, é um percurso de sete dias. Quando o navio ultrapassa os Portões e entra na foz, chega pela água doce ao local onde ancora, que se chama Khanfu; trata-se de uma cidade. A água doce corre por toda a China em rios doces e vales, e há postos militares e mercados por todo lado.

O fluxo e o refluxo da maré ocorrem duas vezes no dia e duas na noite. No caminho de Basra até a ilha de Bani Kawan, o fluxo ocorre quando a lua está no meio do céu, e o refluxo, quando ela está ascendendo ou se pondo. Da ilha de Bani Kawan até perto da região da China, o fluxo ocorre quando a lua está subindo e, quando ela atinge o meio do céu, a água abaixa. Quando a lua não aparece, ocorre o fluxo; quando ela se aproxima do meio do céu, ocorre o refluxo.

Conta-se que, numa ilha chamada Maljan — localizada entre Sarandib e Kalah e pertencente à Índia, na parte leste do mar —, há um povo de negros que vivem nus; se encontram alguém que não é de suas terras, penduram-no de cabeça para baixo, cortam-no em pedaços e o comem cru. Eles são muito numerosos, habitam uma única ilha e não têm rei. Vivem de peixe, banana, coco e cana-de-açúcar; em Maljan, há lugares parecidos com bosques e matagais.

Conta-se que, numa região do mar, há um pequeno peixe-voador, que voa acima da superfície e é chamado de "gafanhoto d'água". Conta-se que, numa região do mar, há um peixe que sai do mar, sobe no coqueiro, bebe a água dos cocos e volta para o mar. Conta-se que, no mar, há um animal parecido com o caranguejo que, se sai do mar, vira pedra. Um informante relatou que, desse animal, extrai-se um cajal usado para curar alguns males do olho. Conta-se que, próxima a Zabaj, há uma montanha chamada Montanha do Fogo, perto da qual não se pode chegar. De dia, aparece uma fumaça e, de noite, uma labareda de fogo. De sua base, emergem uma fonte doce fresca e uma fonte doce quente.

Os chineses, tanto os jovens como os velhos, vestem seda no inverno e no verão. Os reis usam a melhor seda e os demais, a que estiver de acordo com sua capacidade. No inverno, o homem veste duas calças, ou três, ou quatro, ou cinco, ou mais do que isso, conforme suas possibilidades. O objetivo deles é aquecer a parte baixa do corpo, por causa da alta umidade e do temor que sentem dela. No verão, eles vestem uma única túnica de seda ou algo do tipo. Eles não usam turbantes.

Alimentam-se de arroz. Com frequência, cozinham um molho, derramam-no sobre o arroz e o comem. Já os reis comem pão de trigo e a carne de todo animal disponível, seja de porco ou de outros. De frutos, eles têm maçã, pêssego, cidra, romã, marmelo, pera, banana, cana-de-açúcar, melancia, figo, uva, pepino-cobra, pepino, jujuba, noz, amêndoa, avelã, pistache, ameixa, damasco, sorva e coco. Eles não têm muitas palmeiras, a não ser uma ou outra nas casas de alguns. A bebida é o vinho feito de arroz. Nas terras deles, não há vinho de uva, que também não é levado até lá; eles não o conhecem e não o bebem. Do arroz, faz-se vinagre, vinho, creme doce e outras coisas parecidas.

Eles não têm higiene e não se lavam com água após fazerem suas necessidades; ao invés, eles se limpam com folhas de papel chinês. Eles comem carne de animais abatidos de maneira imprópria[6] e outras coisas do tipo, como fazem os adoradores do fogo. De fato, a religião deles se assemelha à dos zoroastristas. As mulheres não cobrem a cabeça, mas usam pentes; às vezes, uma mulher pode ter na cabeça vinte pentes de marfim e de outros materiais. Os homens cobrem a cabeça com uma espécie de touca. A norma para com os ladrões, caso sejam pegos, é matá-los.

6 A expressão "carne de animais abatidos de maneira imprópria" é a tradução de uma única palavra, *al-mayta*, cuja acepção primária é "morto", "cadáver". Tal termo indica que o método de abate em questão é contrário aos preceitos islâmicos considerados *halal* ("permitido"), ou seja, configura uma prática tida como *haraam* ("proibida").

RELATOS SOBRE AS TERRAS DA ÍNDIA E DA CHINA, E SOBRE SEUS REIS

Os povos da China e da Índia concordam que os reis do mundo contados como importantes são quatro. Eles consideram o rei dos árabes o primeiro dos quatro. Entre eles, há um consenso — e ninguém discorda disso — de que este é o mais grandioso dos reis, o mais rico e o de mais esplêndida beleza; é o rei de uma grande religião, à qual nada se sobrepõe. O rei da China conta a si mesmo depois do rei dos árabes; em seguida, está o rei de Roma e, por fim, Balahará, rei dos perfuradores de orelhas.

Quanto a Balahará: ele é o mais nobre dos indianos, e eles confirmam sua nobreza. Ainda que todos os reis da Índia sejam autônomos em seus mandos, todos ratificam isso; quando os enviados de Balahará visitam qualquer um dos reis, estes reverenciam aqueles para enaltecê-lo. Ele é um rei que dá recompensas — como fazem os árabes — e possui muitos cavalos, elefantes e dinheiro. O dinheiro dele é o *dirham* chamado de *tatiri*, cuja equivalência é um *dirham* e meio da moeda do rei dos árabes. O calendário dele se baseia nos anos do reino anterior ao seu, não nos anos dos árabes, contados a partir da época do profeta — que a paz esteja com ele. O calendário dos indianos segue o dos reis. Os reis dos indianos têm vida longa e, com frequência, um deles reina por cinquenta anos. O povo do reino de Balahará alega que a longa duração de seus reinados e de suas vidas no poder se deve ao apreço que eles têm pelos árabes. Entre os reis, não há quem tenha maior apreço pelos árabes do que Balahará, bem como o povo de seu reino. "Balahará" é um nome dado a todos os seus reis, como "cosroes" e outros assim; não é um nome próprio. O reinado e as terras de Balahará começam na costa do mar, nas terras chamadas Kumkum, que se estendem até as terras da China. À sua volta, há muitos reis que guerreiam contra ele, mas ele sempre os supera.

Entre eles, há um rei conhecido como rei de Jurz. Ele tem muitos exércitos e ninguém na Índia tem tantos cavalos. Ele é inimigo dos árabes, ainda que

admita que o rei dos árabes é o mais grandioso
dos reis. Na Índia, o Islã não tem um inimigo
maior do que o rei de Jurz. Ele vive numa pequena
península e seu povo tem muitas riquezas;
possuem muitos camelos e gados. Eles negociam
com prata bruta, da qual se diz que possuem
minas. Não há, entre as terras da Índia, um lugar
mais seguro contra roubo do que as terras dele.
    Ao seu lado, está o rei Taqa, cujo reino é pequeno.
As mulheres de lá são brancas — as mais belas
mulheres da Índia. Ele é um rei brando com os
que estão à sua volta, pois seu exército é pequeno.
Ele tem o mesmo apreço pelos árabes que Balahará.
    Depois desses dois reis, está um rei
chamado Dahma, contra quem o rei de Jurz
guerreia; seu reinado não tem prestígio.
Ele também guerreia contra Balahará, da mesma
forma que guerreia contra o rei de Jurz. Esse
Dahma tem mais exércitos que o rei Balahará,
o rei de Jurz e Taqa juntos. Diz-se que, quando
ele sai para a guerra, leva aproximadamente
cinquenta mil elefantes. Ele só sai no inverno,
pois o elefante não resiste à sede; sendo assim,
só é possível sair no inverno. Diz-se que o número
máximo de seu exército está, aproximadamente,
entre dez e quinze mil homens. Nas terras dele,
há vestimentas às quais nenhuma outra se iguala:
uma peça de roupa passa pelo buraco de um anel,
de tão fina e bem-feita. Elas são de algodão — nós
já vimos algumas. Nessas terras, gastam-se cauris,

que é a espécie do local, ou seja, seu dinheiro. Nas terras de Dahma, há ouro, prata, pau-de-águila e tecido *samar* — usado para fazer espanta-moscas.

Nas terras dele, há o *buchan* marcado, que é o rinoceronte. Ele tem um chifre no meio da testa. Em seu chifre, há uma mancha na forma de uma criatura semelhante a um ser humano. O chifre é todo preto e a imagem é branca. Esse rinoceronte é menor que o elefante, mas tem a mesma cor escura. Assemelha-se ao búfalo e é mais forte que qualquer outro animal. Ele não tem articulação nos joelhos de trás nem nos da frente; dos pés até o tronco, suas patas são uma peça única. O elefante foge dele. O rinoceronte rumina como a vaca e o camelo, e sua carne pode ser consumida por muçulmanos — nós a comemos. Há muitos deles nos bosques desse reino; vivem por todo o país, mas os chifres desses das terras de Dahma são melhores. Às vezes, o chifre contém a imagem de um homem, ou de um pavão, ou de um peixe, ou outras imagens. O povo da China faz cintos a partir desse chifre e, nas terras da China, cada cinto chega a custar dois ou três mil dinares, ou mais, dependendo da qualidade da imagem. Tudo isso é comprado das terras de Dahma com cauris, que são a espécie da região.

Depois desse rei — terra adentro, num território sem mar —, há um outro conhecido como rei de Kachibin. Seu povo é branco e tem orelhas perfuradas; são bonitos. Em suas terras, há estepes e montanhas.

Depois dele — à beira-mar —, há um rei conhecido como Qirnaj, que é pobre e orgulhoso. Há muito âmbar cinza em suas terras, bem como presas de elefante; ele tem pimenta que é comida crua devido à sua pouca quantidade.

Depois desse rei, há tantos outros que só Deus — abençoado e altivo seja — sabe quantos. Entre eles, há os reis dos Mujah, um povo branco cujas vestimentas se parecem com as dos chineses. Eles têm muito almíscar e, em suas terras, há montanhas brancas mais altas que qualquer outra coisa. Eles guerreiam contra muitos reis à sua volta. O almíscar que há em suas terras é excelente.

Atrás deles, estão os reis de Mabud, cujas cidades são muitas. Suas terras vão até as de Mujah, e eles são mais numerosos que o povo de lá, mas se assemelham mais aos chineses e têm serviçais eunucos para realizar os trabalhos, como os chineses. Suas terras se estendem até as terras da China, e as relações entre eles e o senhor da China são pacíficas, embora não sejam seus subalternos. Todos os anos, Mabud envia emissários e presentes ao rei da China, assim como o rei da China o presenteia. Suas terras são vastas. Quando os enviados de Mabud adentram as terras da China, eles são vigiados, pois são muito numerosos e os chineses temem que eles predominem em suas terras. Não há nada entre eles e as terras da China a não ser montanhas e declives.

Diz-se que o rei da China possui mais de duzentas cidades. Cada cidade tem um governante e um eunuco, e administra outras cidades. Entre tais cidades, está Khanfu, que é o porto dos navios, e governa outras vinte cidades.

São chamadas de "cidades" somente aquelas que possuem o *jadam*, objeto que se assemelha a uma longa corneta, em que se sopra, e é tão largo quanto duas mãos juntas. O *jadam* é polido com o mesmo tratamento que as porcelanas chinesas; seu comprimento é de três ou quatro cúbitos, sua ponta é estreita o bastante para a embocadura de um homem e seu som tem o alcance de aproximadamente uma milha. Toda cidade tem quatro portões; sobre cada um, há cinco *jadam*, que são tocados em certos horários da noite e do dia. Acima de cada portão da cidade, há também dez tambores, que são tocados junto com os *jadam*. Isso é feito para comunicar obediência ao rei e informar os horários da noite e do dia. Há sinais para padronizar as horas.

As transações são feitas apenas com moedas de cobre e os cofres são como os dos outros reis, mas nenhum outro rei usa moedas como a única espécie do local. Os reis das cidades têm ouro, prata, pérolas, brocados e seda; dessas coisas, eles têm muito, mas elas são mercadorias, e as moedas são a espécie. Leva-se até eles marfim, olíbano, lingotes de cobre, carapaças do mar — que são o couro das costas das tartarugas — e o *buchan* que descrevemos, o rinoceronte cujos chifres eles usam para fazer cintos. Suas montarias são muitas. Eles não possuem cavalos árabes, e sim outros, além de burrinhos e muitos camelos de duas corcovas. Eles têm argila boa, com a qual fazem copos refinados como frascos de vidro: à luz, vê-se o líquido que há neles, mesmo sendo de argila.

Quando os marinheiros adentram o porto, os chineses apreendem suas mercadorias e as armazenam em casas, garantindo sua supervisão por até seis meses, quando chega o último dos marinheiros. Então, tomam-se três décimos das mercadorias de cada um, e o restante é devolvido aos mercadores. O que o soberano precisa, ele adquire pelo preço mais alto e paga no ato, para não causar prejuízo aos comerciantes. Entre as coisas que os reis adquirem, está a cânfora, por cinquenta *fakkuj* a *manna*[7] — um *fakkuj* são mil moedas. Se o soberano não adquire essa cânfora, ela passa a custar metade do preço fora.

Quando um homem do povo da China morre, ele não é enterrado até o dia de seu aniversário de morte. Colocam-no num ataúde e deixam-no em sua casa. Usam cal para absorver o líquido do corpo e preservá-lo; os governantes são mergulhados em babosa e cânfora. Os chineses choram por seus mortos durante três anos — quem não chora apanha com bastões de madeira, sejam mulheres ou homens. Eles dizem: "Você não está de luto por seu morto". Os mortos são enterrados num túmulo como o dos árabes. Não param de alimentá-los, alegando que eles comem

---

7 Unidade de peso muito variável conforme a época e a região. Uma *manna* corresponde a dois arráteis, que, por sua vez, também é uma unidade de peso muito variável. Considerando o arrátel medieval, uma *manna* estaria entre 720 g e 1 kg; contudo, se considerarmos um dos maiores valores do arrátel, de cerca de 3,2 kg, uma *manna* pode corresponder a até 6,4 kg.

e bebem, pois lhes deixam comida durante a
noite e, ao amanhecer, não encontram nada dela.
Então, dizem: "Ele comeu". Não param de chorar
nem de lhe dar comida enquanto o morto estiver
em sua casa. Eles empobrecem por seus mortos
até não lhes restar nenhum dinheiro ou terra que
não tenham desembolsado por eles. Antigamente,
eles enterravam o rei, os utensílios de sua casa e
os cintos que ele possuía — seus cintos chegavam
a valer muito dinheiro. Agora, não o fazem mais,
pois um dos mortos foi desenterrado e pegaram
o que havia com ele.

O povo da China, pobres e ricos, jovens e velhos, todos aprendem caligrafia e escrita.

O título do governante depende de seu prestígio e do tamanho da cidade sob seu comando. Se for uma cidade pequena, seu governante é chamado de *tusanj*, que significa "manter a cidade de pé". Se for uma cidade como Khanfu, o título de seu governante é *difu*. O eunuco é chamado de *tuqam*; os eunucos castrados são de lá. O juiz principal é chamado de *laqchi mamkun*. Como esses, há outros títulos que não conseguimos dizer com precisão.

Nenhum deles toma posse como governante se tiver menos de quarenta anos, pois somente então, eles dizem, "a experiência o tornou prudente".

Quando um dos governantes menores se senta para uma audiência em sua cidade, ele o faz numa cadeira que fica num saguão de frente para outra cadeira, e entregam-lhe os livros em que estão registrados os julgamentos das pessoas; atrás do governante, fica um homem chamado de *likhu*. Caso o governante deslize em alguma das ordens que proferir e cometa um erro, esse homem a refuta. Eles não dão nenhuma importância ao que dizem os requisitantes, a menos que eles o ponham por escrito. Antes que o requerente adentre o recinto do governante, sua requisição escrita é inspecionada por um homem que fica no portão do palácio para ver os escritos das pessoas. Caso contenham algum erro, ele os refuta. Assim, só escreve ao governante um escriba que conheça a lei; ele registra na requisição "escrito por fulano, filho de fulano" para que, caso ela contenha um erro, atribua-se a represália ao escriba, que então apanha com bastões de madeira. O governante não se senta para julgar nada antes de ter comido e bebido, para que não se equivoque. Os mantimentos de todo governante vêm do tesouro de sua cidade.

Quanto ao rei maior, ele só é visto a cada dez meses. Ele diz: "Se as pessoas me virem mais, irão me menosprezar. A liderança só se exerce com demonstração de soberba, pois o vulgo não conhece a justiça; sendo assim, é preciso tratá-los com soberba para nos engrandecermos perante eles".

Eles não têm imposto sobre a terra, mas taxam a população masculina por cabeça conforme estimam ser a condição de cada um. No caso de um árabe ou outro estrangeiro, coleta-se uma taxa sobre sua propriedade a fim de protegê-la.

Se os preços sobem, o soberano tira comida de seus depósitos e a vende por um preço menor que o do mercado, fazendo a inflação recuar.

O dinheiro que entra no tesouro é o da taxa que eles cobram por cabeça. Acho que, no tesouro de Khanfu, entram cinquenta mil dinares por dia — mesmo não sendo uma de suas maiores cidades.

Dos minerais, o sal é de direito exclusivo do rei, além de uma erva que eles bebem com água quente, que é vendida por muitíssimo dinheiro em todas as cidades. Essa erva é chamada de *sakh*; possui mais folhas que a alfafa, é um pouco mais aromática e apresenta certo amargor. Ferve-se a água e nela polvilha-se a erva — é o antídoto deles para tudo. Todo o dinheiro que entra no tesouro vem da taxa por cabeça, do sal e dessa erva.

Em todas as cidades, há um artefato chamado *dará*, um sino suspenso acima da cabeça do governante da cidade, ao qual está amarrada uma corda que se estende até o meio da estrada, ao alcance de todos do povo. Entre o rei e a estrada, a distância é de aproximadamente uma parasanga. Se a corda esticada faz um mínimo movimento, o sino se mexe. Quem sofre uma injustiça balança essa corda, fazendo o sino tocar sobre a cabeça do governante; então, a pessoa é autorizada a ir até o rei para descrever sua situação e explicar a injustiça que sofreu. Todas as terras de lá possuem esse sistema.

Quem queira viajar de um lugar para outro adquire dois documentos: um do rei e outro do

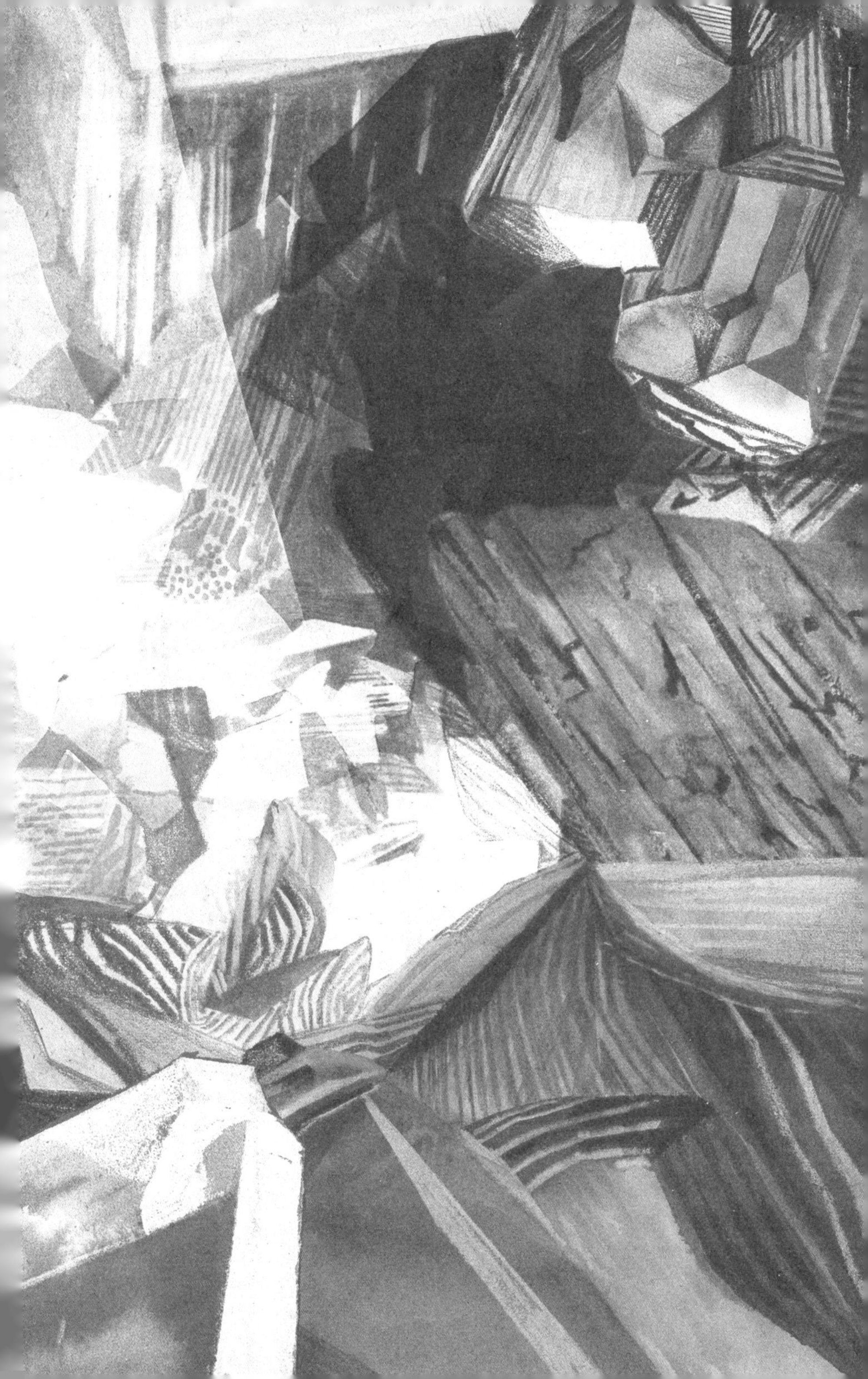

eunuco. O escrito do rei é para a estrada, e contém
os nomes do viajante e de quem o acompanha,
a idade dele e a dos demais, e de que tribo eles
são. Todos aqueles que estiverem nas terras da
China — seja o povo de lá, os árabes ou os demais
estrangeiros — devem declarar seu pertencimento
a um grupo a fim de que sejam oficialmente
identificados de tal maneira. O escrito do eunuco
diz respeito ao dinheiro e às mercadorias que o
viajante tiver consigo. Ao longo das estradas, há
postos militares que verificam os dois documentos.
Quando alguém passa por esses postos, eles
escrevem: "Passou por nós fulano, filho de fulano,
da família tal, no dia tal do mês tal do ano tal,
e ele carregava tais coisas" — para o caso de seu
dinheiro ou de suas mercadorias se perderem.
Assim, quando algo se perde de fato, ou o viajante
morre, sabe-se como isso aconteceu, e suas coisas
são devolvidas a ele ou a seus herdeiros.

 Os chineses são justos em relação às transações
e às dívidas. Quando um homem contrai uma
dívida com outro, este escreve um documento
e o endividado escreve outro, marcando-os com
dois dedos — o do meio e o indicador. Os dois
documentos são dobrados juntos, escreve-se
algo na parte em que suas bordas se encostam e
eles então são separados, e o devedor recebe o
documento com sua declaração. Assim, quando
um devedor nega seu credor, dizem-lhe: "Apresente
seu documento". Caso o devedor alegue que não

o possui e rechace o documento que contém sua letra e sua marca, e caso o documento do credor se perca, diz-se ao devedor: "Prepare um documento que afirme que essa reivindicação não lhe cabe; caso o credor que você repudiou demonstre sua dívida, você receberá vinte golpes nas costas com bastões de madeira e deverá pagar vinte mil *fakkuj* em moedas". Um *fakkuj* são mil moedas; a multa se aproxima de dois mil dinares, e os vinte golpes seriam sua morte. Quase ninguém nas terras da China causaria isso a si mesmo, por medo de perder a vida e o dinheiro; nunca vimos ninguém se engajar em tal prática. Com isso, eles tratam uns aos outros de maneira justa, e ninguém perde o que lhe é de direito; em suas transações, eles não têm testemunhas nem juramentos.

Se um homem vai à falência com o dinheiro de outras pessoas e os credores pagam para que ele seja mantido na prisão do soberano, toma-se uma declaração dele. Depois que ele permanece na cadeia por um mês, o soberano o solta e proclama a seu respeito: "Este é fulano, filho de fulano, que perdeu o dinheiro de fulano, filho de fulano". Caso descubram que esse homem possui um depósito com alguém, ou é proprietário de terras, ou de escravos, ou de algo que cubra sua dívida, ele é retirado da prisão todo mês e apanha nas nádegas com bastões de madeira — isso porque ele ficou na prisão comendo e bebendo às custas dos credores, mas possui dinheiro. Ele apanha de qualquer jeito, havendo ou não quem declare que ele possui dinheiro. Dizem-lhe: "Você não tem nada melhor para fazer, a não ser tomar das pessoas o que é delas por direito e sumir com isso?". Dizem-lhe: "Dê um jeito de sanar o que deve a essas pessoas". Se ele não elabora uma estratégia para se redimir, e o soberano se convence de que ele não possui nada, os credores são convocados e o dinheiro é pago a partir do tesouro de Baghbun — o grande rei, chamado de Baghbun, cujo significado é "filho do céu" —, a quem nós chamamos de Maghbun. Então, proclama-se: "Quem fizer negócios com este homem será executado". Assim, quase ninguém perde dinheiro. Caso se descubra que ele possui dinheiro com alguém e essa pessoa não tenha declarado estar com o depósito, ela é executada com bastões de madeira. Nada é dito ao proprietário do dinheiro; o dinheiro é apreendido e repartido entre os credores, e ninguém mais faz transações com ele depois disso.

Eles têm uma pedra erigida de dez cúbitos de altura, na qual está cinzelada uma lista de remédios e enfermidades — "para tal doença, o remédio é tal". Se a pessoa é pobre, o custo do remédio é pago pelo tesouro público.

Eles não têm imposto sobre suas terras, mas sim por cabeça, e de acordo com o dinheiro e a propriedade. Se alguém tem um filho homem, seu nome é registrado com o soberano; quando ele completa dezoito anos, cobram-lhe uma taxa, e quando ele chega aos oitenta, não lhe cobram mais a taxa e lhe dão dinheiro do tesouro público. Dizem: "Nós coletamos dele quando jovem e pagamos a ele quando velho". Toda cidade possui escribas e professores que ensinam os pobres, e seus filhos são alimentados pelo tesouro público.

As mulheres de lá deixam os cabelos expostos e os homens cobrem a cabeça.

Há uma aldeia nas montanhas chamada Tayu. Seus habitantes são baixinhos, então eles dizem que toda pessoa baixinha da China vem de lá.

O povo da China é um povo bonito, alto e branco, levemente tingido de vermelho. São o povo com os cabelos mais pretos. As mulheres cortam os próprios cabelos.

Quanto às terras da Índia: quando um homem acusa outro de uma ofensa para a qual a pena é a execução, perguntam ao acusador: "Você o submete ao teste do fogo?". Se ele diz: "Sim", esquenta-se um ferro até ficar incandescente como o fogo e diz-se ao acusado: "Estenda a mão". Pousam, sobre ela, sete folhas de uma árvore específica deles e, em seguida, põe-se o ferro sobre as folhas. Depois, indo e vindo, ele anda carregando o ferro até precisar tirá-lo da mão; eles vêm com uma bolsa de couro, põem sua mão dentro e a selam com o selo do soberano. Após três dias, trazem arroz ainda em casca e lhe dizem: "Debulhe-o". Se não restar nenhum vestígio em sua mão, ele triunfa e não é executado. Aquele que o acusou é multado em

uma *manna* de ouro, a qual o soberano toma para si.
Às vezes, fervem água num caldeirão de ferro ou
cobre até que ninguém consiga mais se aproximar
dele; então, jogam um anel de ferro dentro e dizem
ao acusado: "Enfie sua mão e pegue o anel". De fato,
vi quem enfiasse a mão e a tirasse de lá ilesa; nesse
caso, o acusador também é multado em uma
manna de ouro.

    Quando morre o rei de Sarandib, ele é colocado
numa carriola rebaixada, deitado sobre as costas,
com a nuca pendendo da beirada de trás, de
modo que seu cabelo se arraste pela terra do chão,
enquanto uma mulher com uma vassoura na
mão lança mais terra em sua cabeça, clamando:
"Ó gente! Ontem, este foi o rei que lhes governou,
e seu mando lhes era vigente. Ao deixar o mundo,
ele se tornou o que vocês veem, e o anjo da morte
tomou sua alma. Assim, não se deixem enganar
pela vida depois disso". Falas como essa se seguem
por cerca de três dias. Depois, preparam-se
sândalo, cânfora e açafrão, com os quais o rei
é cremado, e suas cinzas são lançadas ao vento.
Todos os indianos cremam seus mortos no fogo.
Sarandib é a última das ilhas e faz parte das terras
da Índia. Às vezes, quando o rei é cremado, suas
mulheres entram no fogo e se imolam com ele;
caso não queiram, elas não o fazem.

    Nas terras da Índia, há quem se dedique a
vagar pelas florestas e montanhas, reduzindo sua
convivência com as pessoas; eles comem ervas e

frutos das florestas de vez em quando, e colocam um anel de ferro no pênis para não terem relações com mulheres. Entre eles, há quem fique nu e quem fique de pé saudando o sol quase nu — a não ser por um pedaço de pele de tigre ou leopardo. Já vi um deles conforme descrevi; fui embora e só voltei após dezesseis anos, e o vi na mesma posição. Fiquei surpreso por seus olhos não terem derretido com o calor do sol.

Em todos os reinos, a família real corresponde a uma única dinastia, da qual o poder não sai; seus governantes são nomeados via juramento. É assim também com os escribas e os médicos: eles vêm de casas específicas, das quais se originam todos os praticantes desses ofícios. Os reis da Índia não obedecem a nenhum rei único; cada um é rei de suas terras, mas Balahará é o rei dos reis da Índia. A China, por sua vez, não tem governantes nomeados via juramento.

O povo da China gosta de instrumentos musicais; já o povo da Índia despreza os instrumentos musicais e não os pratica. Eles não consomem bebidas alcoólicas, nem vinagre, pois é feito a partir dessas bebidas. Agem assim não por questões religiosas, mas por pudor. Dizem: "Um rei que consome bebida alcoólica não é um rei". É assim porque, ao seu redor, há reis que guerreiam contra eles. Dizem: "Como ele governará se estiver bêbado?". Às vezes, os reis guerreiam pelo mando, mas isso acontece pouco; nunca vi ninguém conquistar o reino de ninguém à força, a não ser o povo vizinho às terras da pimenta. Quando um rei domina outro reino, ele nomeia como seu governante um homem da família real derrotada, que fica sob seu comando — essa é a única solução que satisfaz o povo.

Quanto às terras da China: às vezes, quando um governante que está sob o grande rei age de forma tirana, eles o imolam e o comem. Os chineses comem a carne de todos que são executados pela espada.

Na China e na Índia, quando as pessoas querem se casar, elas se felicitam e trocam presentes, e então anunciam o casamento com címbalos e tambores. Os presentes são dados em dinheiro de acordo com as possibilidades de cada um. Por todas as terras da Índia, caso um homem arrume uma mulher e ela cometa adultério, ela e seu amante são executados; caso um homem force uma mulher a ter relações e a estupre, somente o homem é executado; caso ele fornique com uma mulher consensualmente, ambos são executados.

Por todas as terras da China e da Índia, a pena para roubo — seja pequeno ou grande — é a execução. Na Índia, se o ladrão rouba uma única moeda ou mais, pega-se um bastão de madeira longo, afia-se sua extremidade e empala-se o ladrão pelo traseiro até que o bastão saia pela sua garganta.

O povo da China pratica a pederastia com garotos que servem a esse propósito nas casas de prostituição dos templos pagãos.

Os muros dos chineses são de madeira e os prédios dos indianos são de pedra, gipsita, tijolo e barro; às vezes, esses materiais são usados na China também.

Nem chineses nem indianos são proprietários de tapeçaria.[8]

Os homens chineses e indianos se casam com quantas mulheres eles quiserem.

O alimento da Índia é o arroz, e os alimentos da China são o trigo e o arroz; o povo da Índia não come trigo.

Nem indianos, nem chineses são circuncidados.

O povo da China adora ídolos, reza para eles e lhes suplica o que quer; eles têm livros de religião.

Os indianos deixam a barba longa. Com frequência, vi alguns cuja barba media três cúbitos; eles não aparam os bigodes. A maioria dos chineses não tem barba — a maior parte deles, de nascimento. Quando um homem do povo da Índia fica de luto, raspa a cabeça e a barba.

Se os indianos aprisionam um homem ou o mantêm cativo, proíbem que ele coma ou beba durante sete dias; eles se confinam com frequência.

O povo da China tem juízes que intermedeiam suas questões sem precisar dos oficiais do governo; o povo da Índia também os tem.

Há tigres e lobos por toda a terra da China. Contudo, não há leões nem na China, nem na Índia.

Na China e na Índia, os ladrões de estrada são executados.

[8] Há uma ambiguidade na expressão *ashab farch*, traduzida como "proprietários de tapeçaria". Um sentido alternativo seria "companheiros de cama", referindo-se a parceiros "únicos" ou "fora do matrimônio", o que estaria condizente com a afirmação seguinte.

Tanto o povo da China como o da Índia alegam que os ídolos de seus templos falam com eles, mas quem fala com eles são os sacerdotes.

Tanto chineses como indianos abatem o animal que querem comer, golpeando-lhe a cabeça até que morra; eles não o degolam.

Nem indianos, nem chineses se lavam quando em estado de *janaba*[9]; após as necessidades, os chineses só se limpam com folhas de papel. Os indianos se lavam todos os dias antes do almoço, e só então comem. Os indianos não fazem sexo com suas esposas durante a menstruação, e até as retiram de casa, tamanha é a repulsa que sentem delas. Já os chineses fazem sexo durante a menstruação e não as tiram de casa. O povo da Índia limpa os dentes; nenhum deles come antes de limpá-los e de se lavar; o povo da China não faz isso.

As terras da Índia são mais extensas que as terras da China — o dobro delas —, e a quantidade de seus reinos é maior, mas as terras da China são mais habitáveis e prósperas. Nem a China, nem a Índia têm palmeiras; mas possuem todo tipo de árvore e frutos que nós não temos. Os indianos não têm uvas, e os chineses têm pouquíssimas; eles têm de todas as frutas em abundância, mas os indianos têm mais romãs.

O povo da China não possui uma ciência religiosa própria; ao invés, a origem da religião deles é a Índia. Eles alegam que os indianos lhes

---

[9] Na jurisprudência islâmica, entende-se como *janaba* o estado de "impureza ritual" em que se encontra o corpo de uma pessoa depois de uma relação sexual, ejaculação e/ou penetração.

apresentaram os ídolos pagãos, e que eles é que
são o povo da religião. Ambas as terras creem na
transmigração das almas, mas discordam quanto
às implicações disso para sua fé.

A Índia é a terra da medicina e dos filósofos;
o povo da China também tem medicina, cuja maior
parte é cauterização. Eles possuem conhecimento
das estrelas, mas na Índia há mais. Não conheço
ninguém de ambos os lados que seja muçulmano,
e não se fala árabe.

Os indianos têm poucos cavalos; os chineses
têm mais. Contudo, os chineses não possuem
elefantes e não os levam às suas terras, pois os
consideram um mau agouro.

Os soldados do rei da Índia são numerosos e
não recebem pagamento. Ao invés disso, o rei os
convoca para a batalha e eles saem em sua defesa
às suas próprias custas, sem gerar nenhuma
despesa ao rei. Já os reis chineses pagam como
os reis árabes.

As terras da China são mais salubres e
agradáveis. A maior parte da Índia não tem
cidades, mas, na China, em todos os lugares
há cidades antigas fortalecidas. As terras da
China são mais saudáveis, têm menos doenças
e o ar é mais puro; quase não se encontram cegos,
caolhos ou pessoas com alguma deformidade;
nas terras da Índia, há muitos assim.

Nas duas terras, há rios enormes — alguns
maiores que nossos rios. Nas duas terras, há

muitas chuvas. Nas terras da Índia, há inúmeros desertos, e a China é habitável e próspera em toda a sua extensão.

Os chineses são mais bonitos que os indianos, e suas roupas e montarias são mais parecidas com as dos árabes; quando montam, sua aparência se assemelha a dos árabes, pois usam túnicas de mangas largas e cintos. Os indianos vestem dois aventais de cintura, e tanto homens como mulheres se embelezam com ornamentos de ouro e pedras preciosas.

Terra adentro, atrás das terras da China, estão os *taghazghuz*, que são turcos, e o *khaqan* do Tibete — essa região é vizinha às terras dos turcos. Quanto ao que se segue pelo mar, estão as ilhas de Sila. Seu povo é branco e troca presentes com o governante da China; eles alegam que, se não lhe derem presentes, não lhes cairá mais chuva do céu. Nenhum de nossos companheiros jamais os alcançou e contou algo a seu respeito. Eles têm falcões brancos.

Fim do primeiro livro.

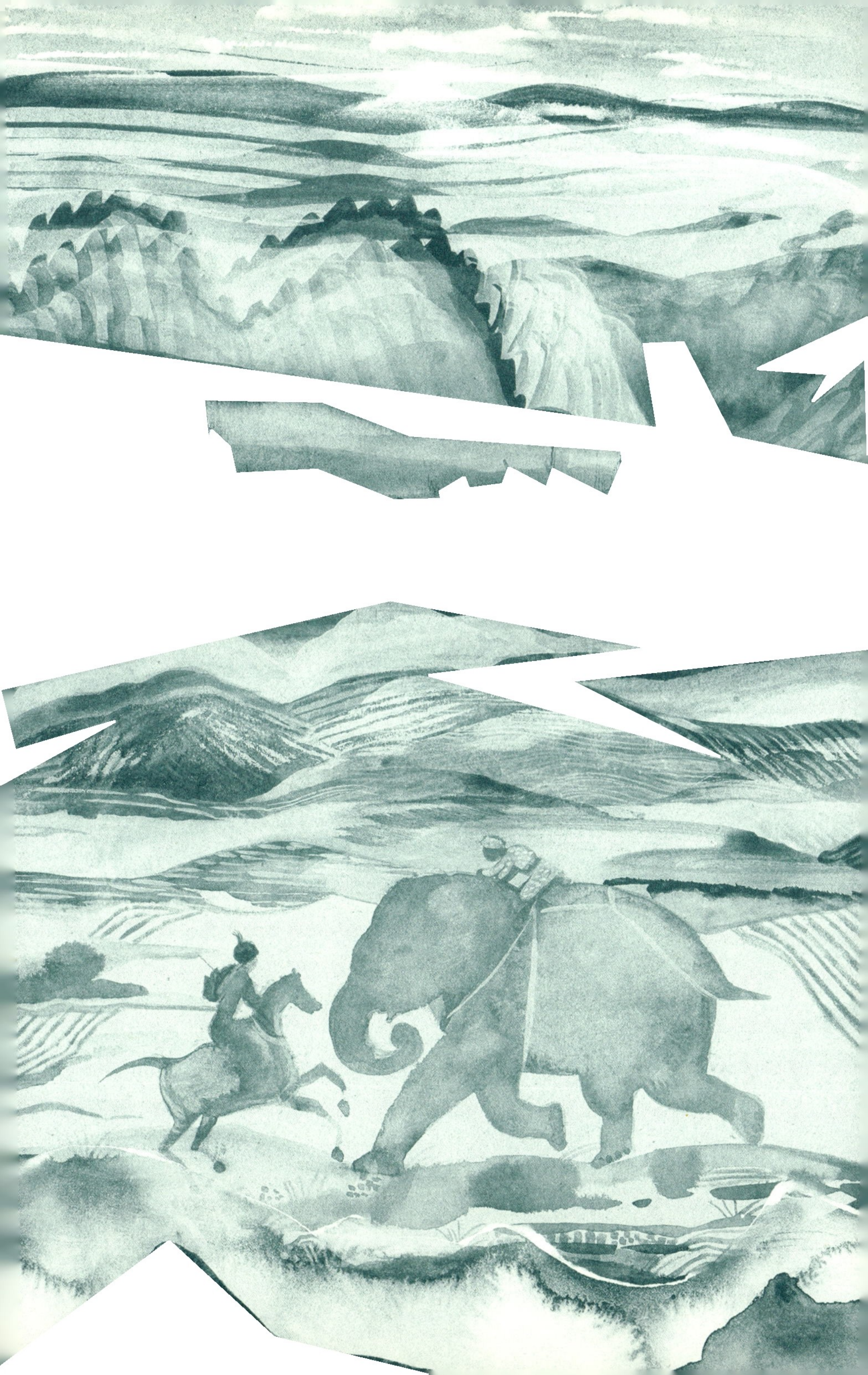

O
SEGUNDO
LIVRO
DE
RELATOS
DA
CHINA
E DA
ÍNDIA

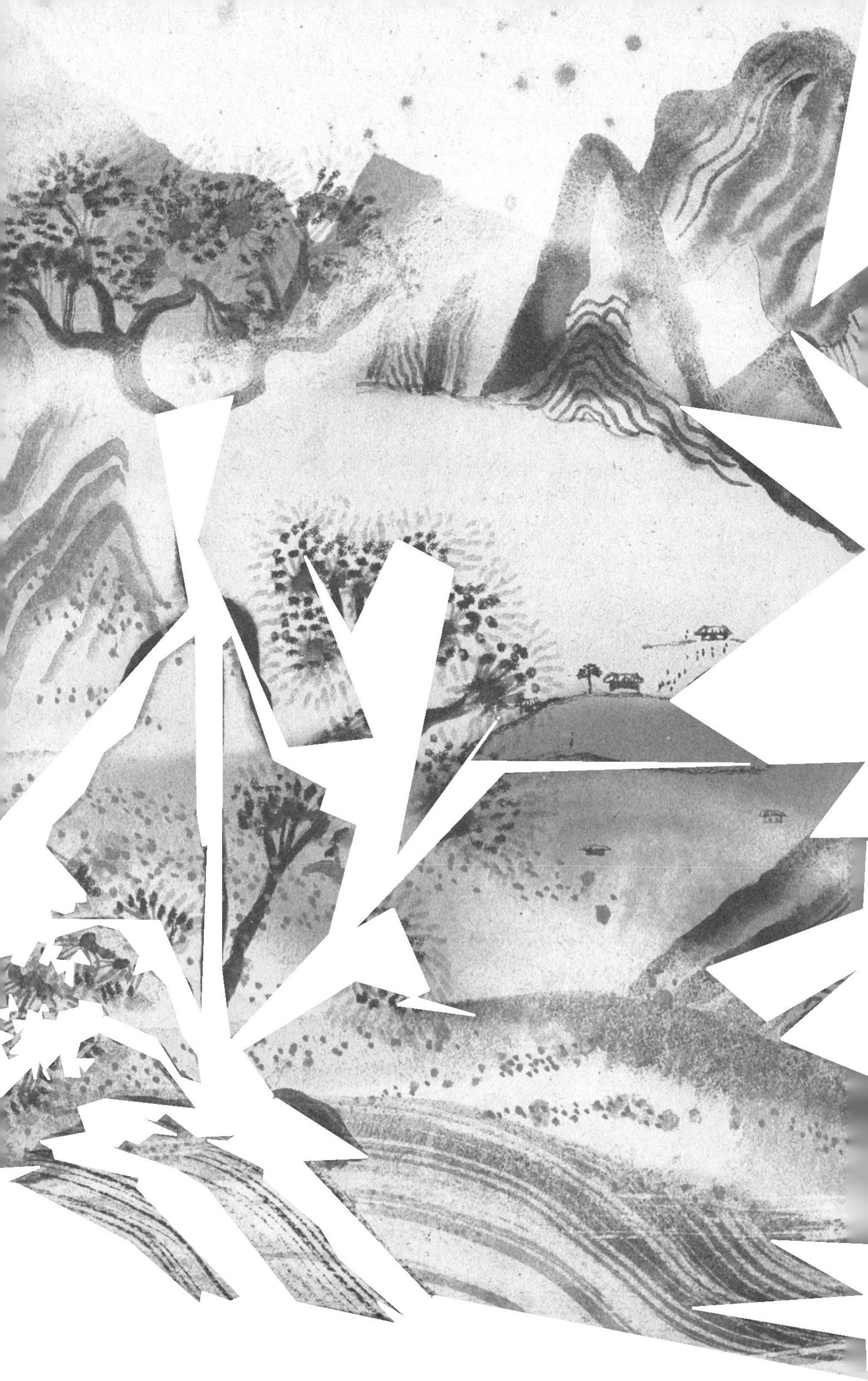

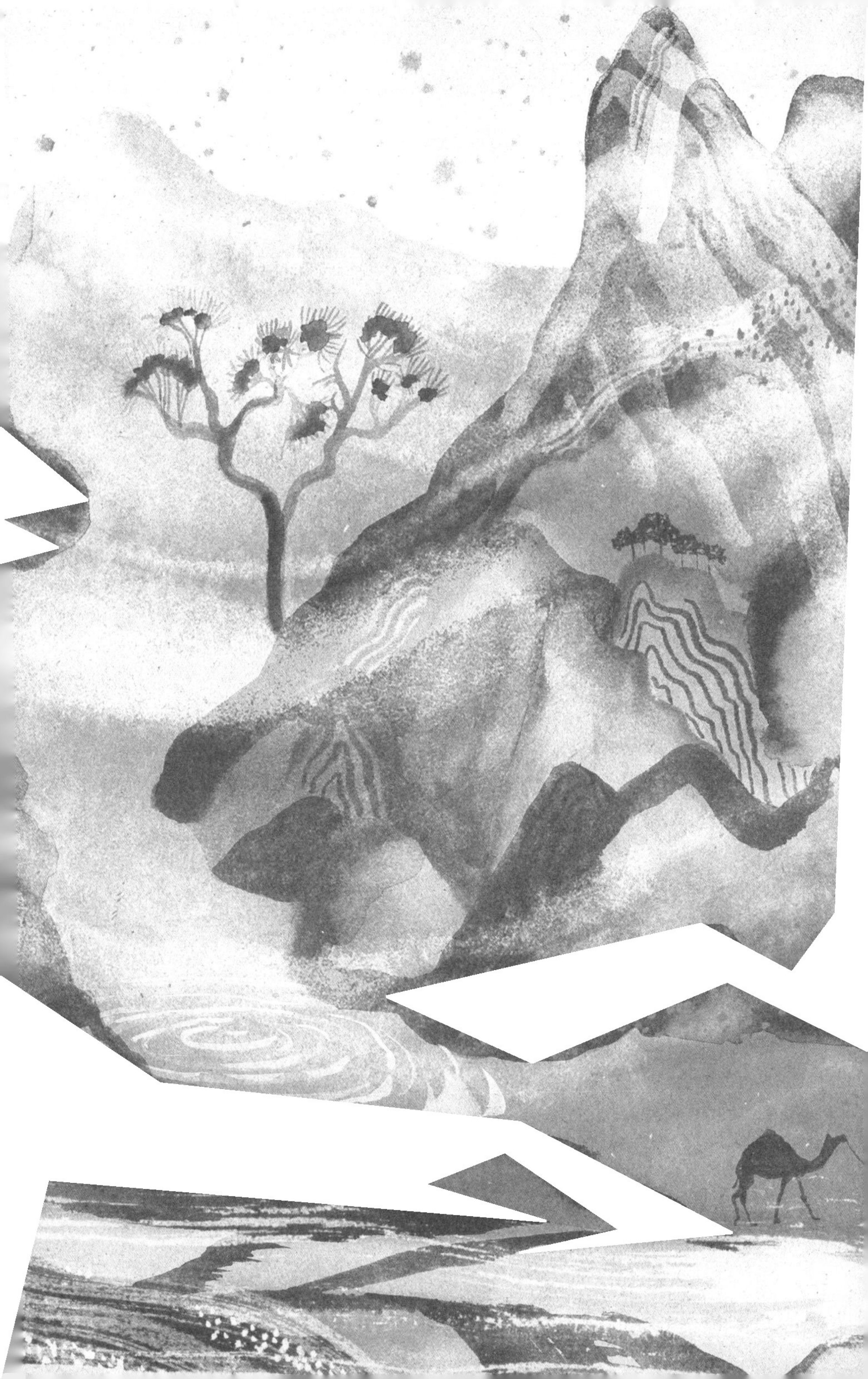

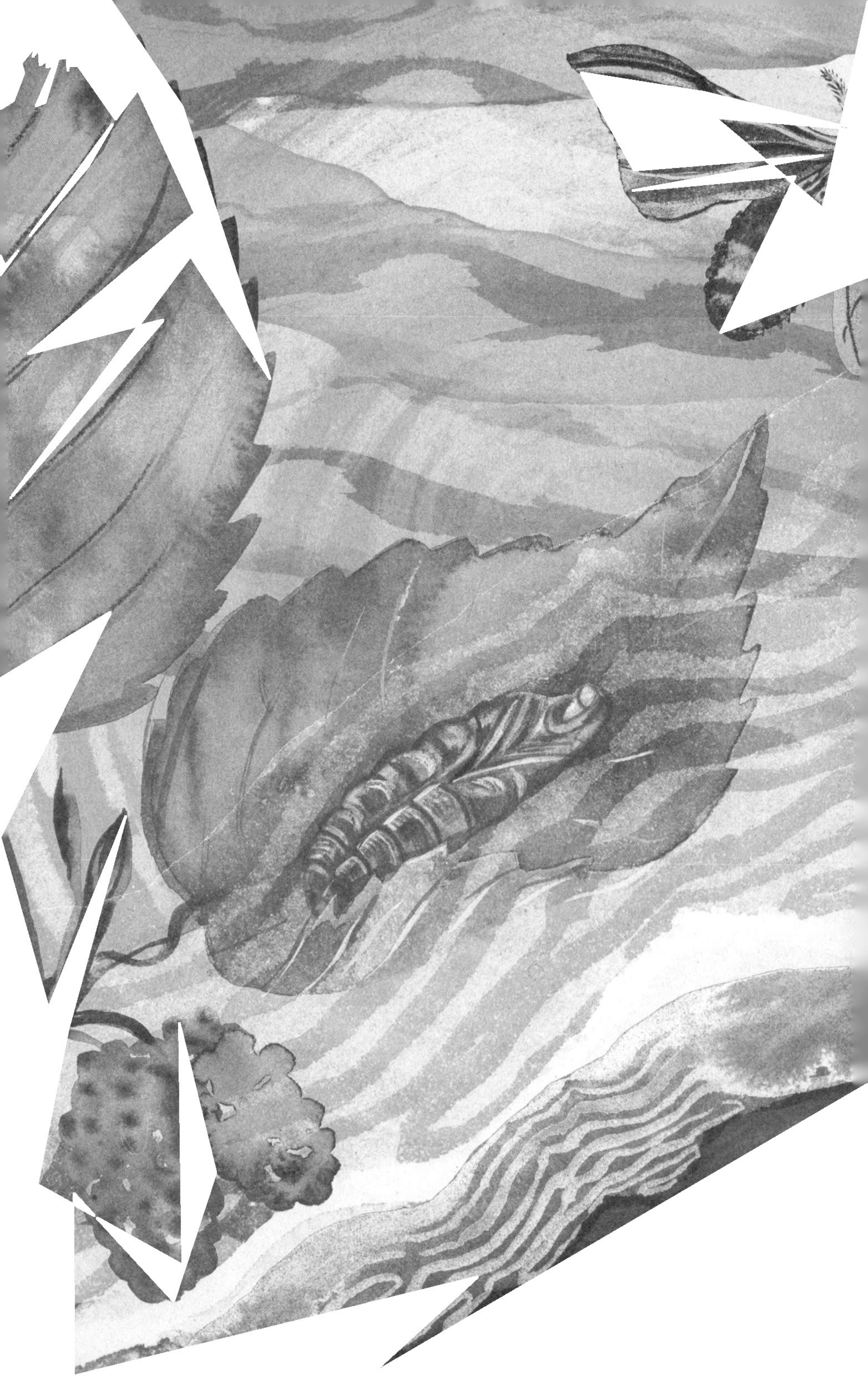

Disse Abu Zayd al-Hasan al-Sirafi: de fato, examinei esse livro — quer dizer, o primeiro livro —, o qual fui ordenado a inspecionar, verificando o que ele contém a respeito do mar, dos reinos e das circunstâncias, conforme o que sei dos acontecimentos, e o que ele não inclui. Descobri que a data do livro é o ano de duzentos e trinta e sete [851-2 d.C.]; naquele tempo, as questões marítimas estavam estáveis devido à grande diversidade de mercadores do Iraque que nelas se envolviam. Descobri que tudo o que se narrou no livro é verídico e confiável, exceto o que foi mencionado sobre o alimento que o povo da China oferece a seus mortos, que deixam a comida com o defunto à noite e, quando não a encontram ao acordarem, proclamam que ele a comeu. Esse relato já havia chegado a nós, até que alguém em quem confiamos veio da região deles com seu próprio relato. Perguntamos a ele sobre isso; ele rejeitou e disse: "Essa alegação não tem fundamento, assim como a alegação dos idólatras de que seus ídolos falam com eles".

Depois desse tempo, a situação mudou, sobretudo na China; ocorreram eventos por lá que interromperam as viagens comerciais e destruíram a região, apagando seus traços e dispersando sua ordem. Explicarei o que descobri sobre as causas disso, se Deus quiser.

O motivo da mudança da ordem na China, no que diz respeito aos julgamentos e à justiça, e que levou à interrupção das viagens comerciais de Siraf até lá, foi um incidente liderado por um rebelde de fora da dinastia real conhecido como Banchu[10]. No início de sua atividade, ele era um trambiqueiro valentão, que brandia armas, causava encrenca e atraía mentecaptos. Seu poderio se fortaleceu, o número de suas tropas cresceu e sua ambição se consolidou, até que ele tomou, entre outras cidades da China, Khanfu, a cidade mirada pelos mercadores árabes, que fica a alguns dias do mar por um percurso num grande vale em que corre água doce. O povo da cidade resistiu, então ele a cercou por um longo tempo — isso aconteceu no ano de duzentos e sessenta e quatro [877-8 d.C.] —, até que venceu e submeteu seus habitantes à espada. Os relatores de assuntos chineses mencionam que, só de muçulmanos, judeus, cristãos e zoroastristas — sem contar os chineses —, Banchu matou cento e vinte mil homens que haviam se estabelecido naquela cidade para se tornarem mercadores por lá. A dimensão do número de vítimas dessas

---

[10] Banchu: Huang Chao, líder de uma rebelião contra a dinastia Tang iniciada em 874 d.C.

quatro comunidades é conhecida apenas porque
o povo da China registrou tais números. Ele cortou
todo tipo de árvore que havia na cidade, inclusive
as amoreiras — menciono especificamente a
amoreira porque o povo da China utiliza suas
folhas para enrolar o bicho da seda, sendo essa
a causa da interrupção do fornecimento de seda,
sobretudo para os países árabes.

Após destruir Khanfu, Banchu seguiu
destruindo uma cidade atrás da outra, e o rei
da China foi incapaz de contê-lo; até que ele
se aproximou da cidade real conhecida como
Khamdan. O rei fugiu de Khamdan para a cidade
de Bamdhu, que faz fronteira com as terras do
Tibete, e lá se estabeleceu. A autoridade do rebelde
crescia a cada dia. A pretensão e o objetivo dele
eram a destruição das cidades e o extermínio
de seus habitantes, uma vez que ele não pertencia
a nenhuma dinastia real e não podia ter a ambição
de obter o poder para si. O impacto que ele
provocou foi tão extenso, que desestabilizou a
situação da China até os dias de hoje.

A situação continuou assim até que o rei
da China enviou emissários com uma carta
direcionada ao rei dos *taghazghuz*, das terras
dos turcos — dos quais são vizinhos e com
os quais estabelecem laços via matrimônio —,
pedindo-lhe que o libertasse de Banchu. O rei dos
taghazghuz então incumbiu um de seus filhos de
lidar com aquele rebelde que tinha inúmeras e

numerosas tropas. Depois de confrontos contínuos e grandes batalhas, ele eliminou Banchu — alguns alegam que o rebelde foi executado, outros, que morreu naturalmente.

O rei da China retornou à terra conhecida como Khamdan, que fora destruída, debilitado e com os tesouros esvaziados; seus generais, comandantes e oficiais capacitados foram todos aniquilados. Com isso, cada província foi arrebatada por um combatente bem-sucedido, que impediu o acesso do rei a seu tesouro e manteve posse sobre o que havia dele em suas mãos. Por seu punho fraco, a obrigação levou o rei da China a aceitar as desculpas dos combatentes, proferidas como demonstração de obediência e declaração de subserviência a ele, mas que não os obrigava a dar-lhe ouvidos ou a verdadeiramente obedecê-lo, tanto em assuntos dos tesouros como nas medidas que os governantes anteriores tomavam por ele. Assim, as terras da China passaram por circunstâncias como as dos cosroes, quando Alexandre matou Dario, o Grande, e dividiu o território da Pérsia entre governantes pertencentes a grupos diversos. Alguns dos combatentes apoiaram uns aos outros na disputa, sem a permissão nem o comando do rei, de modo que, quando um mais forte sitiava um mais fraco, conquistava-lhe as terras, devastava o que nelas houvesse e comia o povo derrotado inteiro — essa prática é lícita, já que eles negociam carne de gente em seus mercados.

Além disso, os combatentes só estenderam as mãos para tratar injustamente os mercadores que almejaram suas terras. Ao ocorrido com os mercadores, somou-se o surgimento de injustiças e transgressões para com os navegantes, os árabes e os senhores de embarcações; impuseram-lhes condições indevidas, apreenderam-lhes as riquezas e permitiram que se fizesse com eles o que os costumes antigos jamais autorizaram. Então, Deus — altiva seja Sua menção — retirou Sua benção de todos eles; o mar se tornou arredio e a aniquilação, conforme o que transcorreu dos desígnios do Condutor — abençoado seja Seu nome —, recaiu sobre os capitães e timoneiros de navios de Siraf e do Omã.

No primeiro livro, foi mencionado um aspecto das normas do povo da China, e de nenhum outro — no caso, a maneira como casados e casadas que cometem adultério são executados, tais e quais os ladrões e assassinos. A maneira deles de execução é: amarram, firmes e esticadas, as mãos de quem querem executar e passam-nas sobre a cabeça até que cheguem ao pescoço; depois, a perna direita é passada por dentro do espaço formado pelo braço direito, e a perna esquerda, pelo espaço formado pelo braço esquerdo, de modo que os dois pés ficam para trás dele; a pessoa se contrai, como uma bola, sem conseguir se libertar e sem a necessidade de algo que a segure. Nessa posição, o pescoço se desloca, as vértebras da

coluna se desalojam, os quadris se contorcem
e as partes pressionam umas as outras. Assim,
a alma se comprime. Caso deixem a pessoa nesse
estado por cerca de uma hora, ela perece. Se passar
disso, ela apanha com uns bastões de madeira; os
golpes são dados em partes vitais do corpo e numa
quantidade específica que não é excedida, mas
nunca é menos do que o necessário para matá-la.
Então, é dada a quem a coma.

    Entre as chinesas, há mulheres que não almejam
a virtude do casamento, apetecendo-lhes a
fornicação. Isso se dá assim: a mulher comparece a
uma audiência com o chefe de polícia e declara sua
renúncia à virtude do casamento e seu desejo de
integrar a lista de meretrizes, e pede para ser tratada
de acordo com o costume direcionado àquelas de
sua condição. Um dos costumes para com as
mulheres que querem isso é que ela registre sua
ascendência, seu povoado e seu local de residência.
Então, ela é confirmada no escritório administrativo
das meretrizes, e colocam-lhe no pescoço um cordão
com um selo de cobre onde está inscrito o selo do
rei. Feito isso, ela recebe um documento que atesta
sua entrada na lista de meretrizes e diz que ela deve
pagar, todo ano, tanto e tanto ao tesouro público
em moedas; também diz que quem se casar com
ela será executado. Ela paga o que deve todo ano
e não se lhe inflige nenhuma injúria. As mulheres
dessa classe saem no fim da tarde vestindo roupas
coloridas e sem véu. Elas procuram os estrangeiros

libertinos e depravados que vão àquelas terras, além dos próprios chineses, passam a noite com eles e vão embora pela manhã. Louvamos a Deus por ter nos purgado dessa tentação!

Quanto às transações em moedas: isso se deve ao fato de rechaçarem quem negocia com dinares e *dirhams*. Eles dizem que, se um ladrão entra na casa de um dos árabes que negociam com dinares e *dirhams*, consegue sair carregando nos ombros dez mil dinares e a mesma quantia de moedas de prata, causando assim a ruína do dono do dinheiro. Contudo, se um ladrão entra na casa de um deles, não carrega mais do que dez mil moedas de cobre, cujo valor seria dez meticais[11] de ouro. Essas moedas são feitas de uma liga de cobre e outros metais misturados; cada uma é do tamanho de um *dirham baghli*[12] e tem, no meio, um furo largo o bastante para passar um cordão. O valor de cada mil moedas dessas é um metical de ouro; organizam-se mil moedas num cordão com um nó a cada centena. Quando alguém compra terras, mercadorias, ou verduras e outras coisas simples, paga com essas moedas de acordo com o preço. Elas são encontradas em Siraf e possuem uma inscrição na escrita deles.

Quanto aos incêndios nas terras da China e o que foi mencionado no primeiro livro sobre as construções: conforme dito, as cidades são construídas de madeira e telas de bambu entrelaçado, semelhantes aos filetes de cana que

[11] Metical: unidade de medida equivalente à massa de ouro de um dinar, que corresponde a 4,37 g.

[12] Primeira forma do *dirham* árabe, inspirada no *drahm* sassânida.

usamos. As construções recebem uma camada de barro e uma substância que eles produzem a partir da semente do cânhamo e que fica branca como leite — as paredes revestidas com isso reluzem um brilho incrível. As casas deles não têm soleiras, porque suas posses, tesouros e o que mais possuírem, tudo fica guardado em seus baús montados sobre rodas para que possam circular. Se ocorre um incêndio, esses baús são empurrados com o que há dentro, sem soleiras que impeçam uma saída ágil.

Quanto ao assunto dos serviçais, brevemente mencionado no primeiro livro: eles supervisionam os impostos e guardam as portas do tesouro. Entre eles, há os que foram capturados nas terras limítrofes e castrados, e aqueles do povo da China cujo próprio pai castrou e deu de presente ao rei para ganhar sua amizade. Assuntos do rei, sejam particulares ou referentes aos tesouros, e de quem quer que vá à cidade de Khanfu — almejada pelos mercadores árabes —, são da competência dos serviçais.

Uma das normas deles é a seguinte: quando os serviçais e os governantes cavalgam, à frente deles cavalgam homens carregando madeiras parecidas com tábuas que eles batem umas nas outras; ouve-se o som de longe, e ninguém fica parado ao longo do caminho por onde o serviçal ou o governante queira passar; quem estiver à frente de uma casa entra e tranca a porta até que o serviçal ou o governante encarregado daquela cidade conclua sua travessia — ninguém fica em seu caminho. Com isso, eles instauram medo e se enaltecem para que o povo não os veja e ninguém se atreva a dirigir-lhes a palavra.

Esses serviçais, assim como os generais mais proeminentes, vestem a mais fina seda, de um tipo que nunca é levado às terras dos árabes, dado que, entre os chineses, ela já custa preços exorbitantes. Um dos mais proeminentes mercadores — de cujos relatos não se duvida — mencionou ter se encontrado com um eunuco que fora encarregado pelo rei de ir à cidade de Khanfu para escolher mercadorias de procedência árabe das quais ele precisava. Por baixo da roupa de seda que o eunuco vestia, o mercador viu uma verruga no peito dele e supôs que ele estava usando uma camada dupla dessas vestes. Quando o eunuco notou o olhar, disse ao mercador: "Vejo que você não para de olhar para o meu peito. Qual o motivo disso?". Então, o mercador respondeu: "Fiquei surpreso com uma verruga visível por baixo de sua roupa". O eunuco riu, estendeu-lhe a manga da camisa e disse: "Conte quantas delas estou vestindo!". Ele contou cinco camadas, uma sobre a outra, e a verruga aparecia por baixo de todas elas. Essa é a seda crua inacabada; a que os governantes vestem é superior e ainda mais incrível.

De toda a criação de Deus, os chineses estão entre os mais hábeis escultores e fabricantes;

nenhum dos outros povos os supera nos trabalhos que eles dominam. Quando um deles produz, com suas próprias mãos, algo que acha que ninguém mais é capaz de produzir, ele o leva até o portão do governante, buscando uma recompensa pela boa qualidade de sua criação. Então, o governante ordena que o objeto seja colocado ao lado do portão durante um ano desde o momento de sua chegada. Se ninguém encontra um defeito, o governante recompensa o artesão e o inclui em sua lista de fabricantes; se algum defeito é encontrado, o objeto é descartado e o artesão não é recompensado.

 Certa vez, um deles ilustrou uma roupa de seda com a imagem de um passarinho em cima de uma espiga de milho, de modo que, para qualquer um que a olhasse, não havia dúvida de que era um passarinho em cima de uma espiga de milho. A peça ficou exposta por um tempo, até que um corcunda passou por ela e encontrou um defeito. Ele adentrou o recinto do governante daquela cidade, e o artesão também estava presente. Perguntaram ao corcunda sobre o defeito, e ele disse: "Todas as pessoas sabem muito bem que um passarinho não pousa numa espiga de milho sem fazê-la inclinar; o artesão desenhou a espiga reta, sem inclinação, e posicionou o passarinho em cima dela, de pé... Ele errou". Consideraram que o corcunda estava certo, e o governante não deu nada ao artesão. Nessa e em outras situações parecidas,

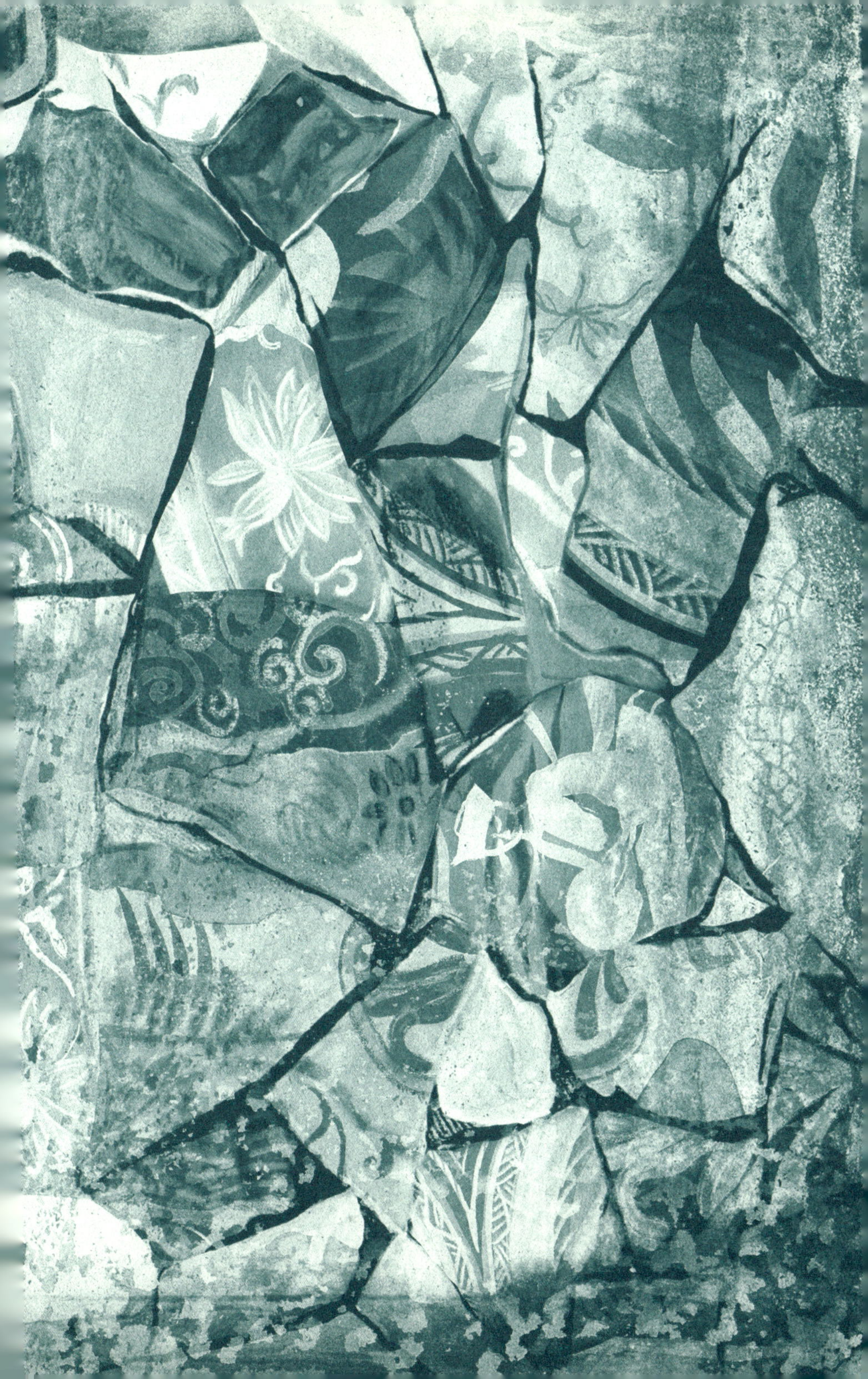

o objetivo deles é fazer os artesãos praticarem, para que se sintam obrigados a se prevenir de erros e a engajar o pensamento em tudo aquilo que fabricam com as mãos.

Em Basra, havia um homem dos Quraych conhecido como Ibn Wahb, um dos descendentes de Habbar Ibn al-Aswad. Quando Basra foi destruída, ele foi embora e chegou a Siraf, onde havia uma embarcação prestes a partir para as terras da China. Ele foi tomado por um desejo tamanho que o instigou a embarcar naquele navio. Chegando lá, foi tomado pelo desejo de visitar o grande rei, e dirigiu-se a Khamdan, a uma distância de dois meses da cidade conhecida como Khanfu. Ele ficou parado em frente ao portão do rei por um longo tempo, enviando-lhe cartas que solicitavam uma audiência e mencionando que pertencia à linhagem do profeta dos árabes. Depois desse período, o rei ordenou que ele fosse alojado numa das moradias oficiais, e que suas necessidades fossem atendidas. O rei escreveu para seu governante alocado em Khanfu e ordenou-lhe que investigasse e questionasse os mercadores a respeito do que o homem alegara sobre seu parentesco com o profeta dos árabes — Deus o bendiga e salve. O governante de Khanfu escreveu ao rei confirmando a ascendência do homem; então, o grande rei permitiu a audiência e deu a Ibn Wahb uma vasta quantia em dinheiro, que ele levou consigo para o Iraque — ele era um senhor inteligente.

Ele nos relatou que, quando chegou na China, o rei lhe perguntou sobre os árabes, e como eles derrotaram o reinado dos persas. Ibn Wahb respondeu: "Com Deus — altiva seja Sua menção —, e porque os persas adoravam o fogo e reverenciavam o sol e a lua ao invés de Deus". O rei lhe disse: "De fato, os árabes conquistaram os reinos mais excelentes, com as mais vastas terras plantáveis, as maiores riquezas, os homens mais inteligentes e a mais extensa reputação". Então, perguntou: "Para vocês, qual é a posição de cada rei?". Ibn Wahb respondeu: "Não sei nada a respeito deles". O rei falou para o intérprete: "Diga-lhe que nós contamos cinco reis. O reino mais abastado é o do governante do Iraque, pois ele está no centro do mundo e os outros reis estão à sua volta. Nós o chamamos pelo nome de Rei dos Reis. Depois dele, está nosso rei, o qual chamamos de Rei da Gente, pois nenhum outro rei é melhor condutor, ou detém mais controle sobre seu reino do que ele, e não há súditos mais obedientes aos seus governantes do que os seus. Assim, nossos reis são os Reis da Gente. Depois, está o Rei das Feras, que é o rei dos turcos, nosso vizinho; depois dele, está o Rei dos Elefantes, que é o rei da Índia, a quem chamamos de Rei da Sabedoria, porque foi dele que ela se originou. Depois, vem o rei de Roma, a quem chamamos de Rei dos Homens, pois não há no mundo homens de melhor forma ou aparência mais bela. Esses são os reis mais proeminentes, e os demais lhes estão aquém".

Ibn Wahb continuou: "O rei disse ao intérprete: 'Pergunte a ele: Você reconheceria seu mestre se o visse?', referindo-se ao profeta de Deus — Deus o bendiga. Eu respondi: 'Como posso vê-lo se ele está com Deus — glorioso e altivo seja?'. O rei falou: 'Eu não quis dizer isso. Refiro-me a uma imagem dele'. Eu disse: 'Sim'. O rei ordenou que lhe trouxessem um cesto, que foi colocado à sua frente. De dentro, ele tirou um papel enrolado e disse ao intérprete: 'Mostre-lhe o mestre dele'. Nesse papel, vi imagens dos profetas, e apenas mexi os lábios rezando por eles. O rei não esperava que eu os reconhecesse, e disse ao intérprete: 'Pergunte-lhe por que está mexendo os lábios', então ele me perguntou e eu respondi: 'Estou rezando pelos profetas'. Ele perguntou: 'Como você os reconhece?'. Eu disse: 'Pelas situações em que estão representados. Este é Noé na Arca, salvando-se com os que estavam com ele quando Deus — altiva seja Sua menção — ordenou à água inundar toda a terra com todos que estivessem nela, mas salvou Noé e quem estava com ele'. O rei riu e disse: 'Em relação a Noé, você o nomeou corretamente. Mas quanto à inundação da terra inteira, nós não a reconhecemos como verdade. O dilúvio atingiu uma parte da terra, mas não chegou até nossa terra, nem à terra da Índia'. Dispensei uma resposta que desafiasse esse argumento, pois eu sabia que o rei resistiria a isso. Então falei: 'Este é Moisés com seu cajado e os filhos de Israel'. O rei disse: 'Sim, mas seu território foi pequeno e seu povo o tratou mal'. Eu disse: 'Este é Jesus montado num burrinho e acompanhado pelos apóstolos'. O rei disse: 'De fato, o período dele foi curto, uma vez que sua ação durou pouco mais de trinta meses'".

Ibn Wahb enumerou todas as cenas dos demais profetas, as quais nos limitamos a mencionar algumas. Ele alega que viu sobre a imagem de cada profeta um longo escrito, que ele imaginou conter o nome desse profeta, o local de suas terras e as causas de sua qualidade profética. Então, ele contou: "Vi uma imagem do profeta — Deus o bendiga e o salve — montado num camelo e seus companheiros à sua volta em seus camelos, calçando sandálias árabes e carregando seus gravetos de limpar os dentes presos à cintura, e chorei. O rei disse ao intérprete: 'Pergunte-lhe por que ele está chorando'. Eu respondi: 'Este é nosso profeta, nosso senhor e meu primo — a paz esteja com ele'. O rei disse: 'Acertou. De fato, ele e seu povo governaram o mais excelente dos reinos, mas ele nunca viu o que governou — só o viram os que lhe sucederam'. Vi imagens de outros profetas, um grande número deles: alguns acenando com a mão direita, com as pontas do dedão e do indicador unidas, como se o gesto fosse um sinal de verdade; outros apareciam de pé, apontando com o dedo para o céu, entre outras poses. O intérprete alegou que aqueles são os profetas deles e os da Índia.

"Então, o rei me perguntou sobre os califas, suas aparências e vestimentas, e sobre as leis e suas características — de acordo com o que eu sabia sobre elas. Ele disse: 'Para vocês, qual é a idade do mundo?'. Eu respondi: 'Há divergências quanto a isso. Alguns dizem seis mil anos, outros dizem menos que isso, e outros ainda dizem que é mais, mas só um pouco mais'. Ele riu muito, e seu vizir, de pé ao seu lado, também riu em reprovação àquilo. O rei disse: 'Não acho que seu profeta tenha dito isso', ao que me antecipei e disse: 'Pois sim, ele disse'. Vi a reprovação em seu rosto; então ele falou para o intérprete: 'Diga-lhe: Discirna suas palavras, pois só se fala com os reis mediante a obtenção de conhecimento adequado. Você alega que vocês discordam sobre isso quando, na verdade, divergem do que disse seu profeta. Não se deve divergir daquilo que os profetas dizem; deve-se, sim, recebê-lo. Previna-se contra isso e contra as demais falas como essa'. Ele mencionou muitas coisas, mas foi há tanto tempo que já não me lembro.

"Então, o rei me perguntou: 'Por que você se apartou de seu rei, se ele lhe é tão mais próximo que nós, tanto em morada como em linhagem?'. E eu respondi: 'Pelo que aconteceu em Basra e porque, quando cheguei a Siraf, vi uma embarcação partindo para a China; também pelo que me chegou a respeito da majestade do rei da China e de sua grande benevolência. Isso me fez querer vir a essa região e vê-la por mim mesmo. Agora, volto para minha terra, onde meu primo governa; relatarei o que testemunhei da majestade deste rei e da vastidão destas terras. Direi tudo que há de bom, elogiarei tudo que é bonito'. Aquilo o deleitou, e ele ordenou que me fosse dado um presente magnífico, e que eu fosse levado, numa mula do correio, à cidade de Khanfu. Ele escreveu ao governante de lá, dizendo-lhe para me receber com honrarias, apresentar-me a todos os demais governantes que houvesse em sua região e me acomodar até minha partida. Assim, desfrutei de uma vida abundante e confortável até deixar as terras da China".

Nós perguntamos a Ibn Wahb sobre a cidade de Khamdan, onde fica o rei, e pedimos que ele a descrevesse. Ele mencionou quão extenso era seu território e quão numerosa era sua população, e contou que o local estava dividido em duas metades, separadas por uma rua longa e larga. O rei, o vizir, os soldados, o juiz supremo, os eunucos do rei e todos os seus assuntos estão na metade direita — ou seja, na zona leste. Nenhuma pessoa do povo se mistura ali, e não há mercados. Há canais fluindo junto às vias e árvores alinhadas ao lado; as casas são espaçosas.

Na metade esquerda — ou seja, na zona oeste — estão a população, os mercadores, as

provisões e os mercados. Ao raiar do dia, você
vê os intendentes do rei, seus relacionados, os
escravos do palácio, os escravos e delegados dos
generais, alguns a cavalo, outros a pé, todos
entrando na metade em que ficam os mercados
e os mercadores. Eles pegam seus mantimentos e
demais necessidades, e vão embora; nenhum deles
retorna a essa metade até o dia seguinte.

    Ibn Wahb também contou que, naquela cidade,
há todo tipo de recreação, belos bosques e rios que
correm entre eles — exceto palmeiras; lá, elas
não existem.

Entre as descobertas deste nosso tempo,
desconhecidas de nossos antecessores, está o que
ninguém imaginava: que o mar da China e da Índia
está ligado ao mar do Levante. Isso não estava
determinado até esta nossa época, quando nos
chegou que, no mar de Roma, foram encontradas
tábuas de madeira costuradas, provenientes de
barcos árabes que se estraçalharam com suas
tripulações; as ondas fizeram-nas em pedaços e
os ventos levaram-nas pelas ondas, lançando-as
ao mar dos *khazar*. Então, passaram pelo golfo
de Roma e, de lá, alcançaram o mar de Roma
e o do Levante. Isso evidencia que o mar faz a
volta pelas terras da China e de Sila, por trás das
terras dos turcos e dos *khazar*, deságua no golfo
de Roma e chega às terras do Levante, pois as

tábuas costuradas são usadas especificamente nas embarcações de Siraf — as tábuas das embarcações do Levante e de Roma são pregadas, e não costuradas.

Também nos chegou que, no mar do Levante, foi encontrado âmbar cinza. Nos tempos antigos, isso era rejeitado e não se sabia. Caso o que se diz seja verdade, o âmbar cinza só pode ter chegado ao mar do Levante a partir do mar de Aden e de Qulzum, que é o mar ligado aos mares onde há âmbar cinza, pois Deus — altivo seja Seu nome — colocou um obstáculo entre os dois mares.[13] Ao contrário, o âmbar cinza — caso isso esteja correto — deve ter fluído do mar da Índia para os outros mares, um após o outro, até chegar ao mar do Levante.

[13] Semelhante a Alcorão 27:61.

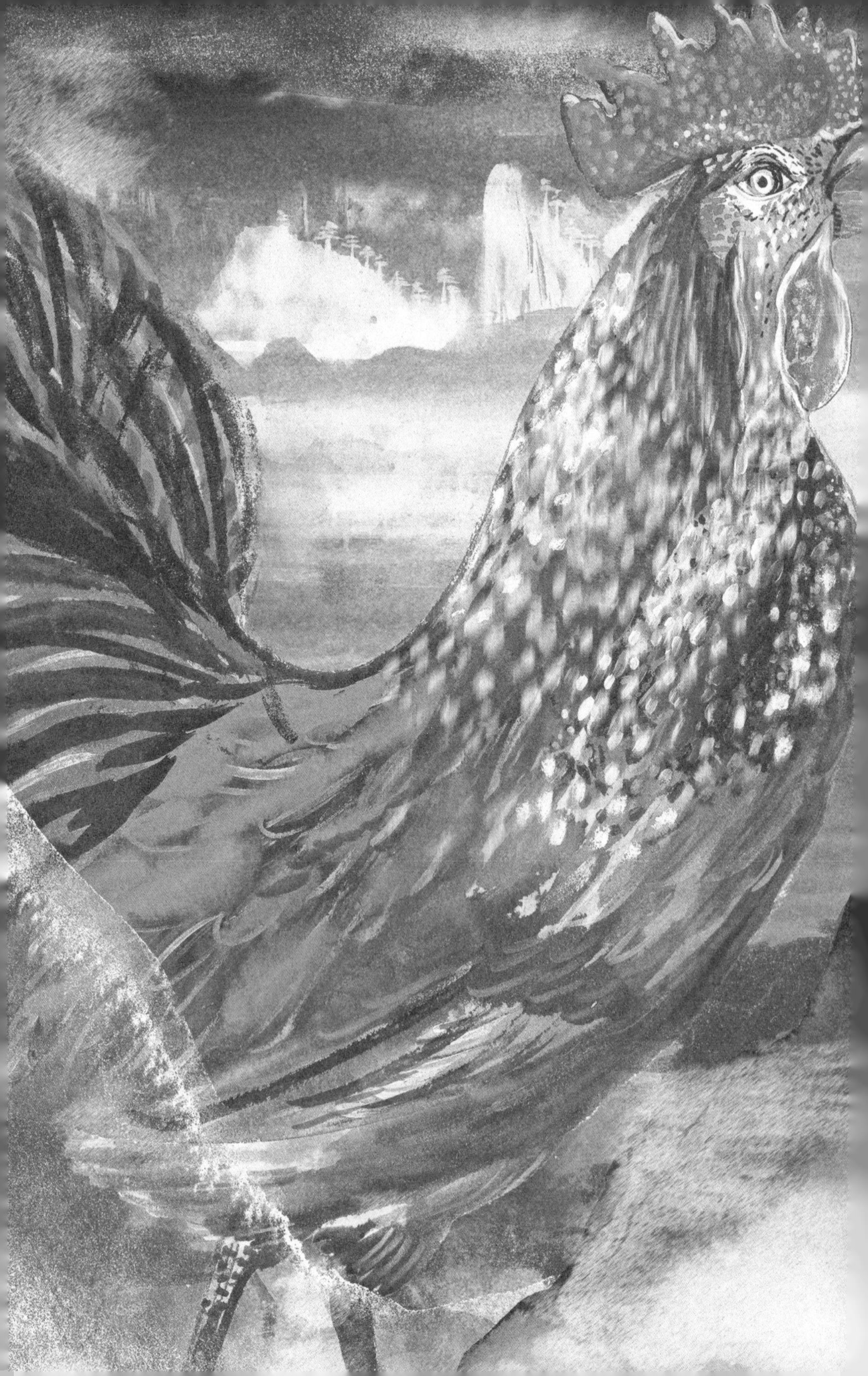

MENÇÃO À CIDADE DE ZABAJ

Iniciamos então a menção à cidade de Zabaj, pois é paralela às terras da China — o percurso entre elas é de um mês pelo mar; caso os ventos ajudem, menos do que isso. Seu rei é conhecido como Mihraj; diz-se que a extensão do reino é de novecentas parasangas, embora esse rei governe muitas outras ilhas, de modo que o tamanho de seu reino ultrapasse mil parasangas. Nesse reino, há uma ilha conhecida como Sarbuza, cuja extensão — segundo o que relatam — é de quatrocentas parasangas, e uma ilha conhecida como Ramani, cuja extensão é de oitocentas parasangas e de onde brotam sapão, cânfora e outras plantas. Em seu reino, está a península de Kalah, que é o ponto médio entre as terras da China e as dos árabes, e cuja extensão — segundo o que relatam — é de oitenta parasangas. Em Kalah, há um entreposto de mercadorias como pau-de-águila, cânfora, sândalo, marfim, chumbo branco, ébano, sapão, todos os tipos de aromáticos, e uma profusão de outras mercadorias que demoraria a listar. Atualmente, os mercadores do Omã viajam até Kalah e voltam para o Omã. O mando de Mihraj é obedecido nessas ilhas; a ilha onde ele fica é extremamente fértil e suas construções são organizadas.

Um informante confiável mencionou que, à aurora, quando os galos cantam para anunciar as horas — como o fazem em nossas terras —, eles respondem uns aos outros a uma distância de cem parasangas ou mais, dada a proximidade das aldeias e sua distribuição regular. Mencionou também que não há desertos nas ilhas, nem áreas destruídas, e que quem transita pelas terras deles, quando viaja cavalgando em sua montaria, vai aonde bem entender; caso ele e sua montaria se cansem, podem parar onde quiserem.

O que nos chegou de mais incrível a respeito dos acontecimentos dessa ilha conhecida como Zabaj, refere-se a um de seus reis dos dias antigos, ou seja, Mihraj. Seu castelo ficava em uma *thalaj* que dá para o mar — *thalaj* significa várzea, como a do Tigre na Cidade da Paz e em Basra, que se enche com a água do mar no fluxo, e por onde flui a água doce no refluxo. Nela, há uma pequena lagoa adjacente ao castelo do rei. Todas as manhãs, o intendente do rei entra na lagoa com um lingote que ele fundiu com várias *mannas* de ouro (não me foi dita a quantidade); ele o deposita nessa lagoa em frente ao rei. Quando o fluxo vem, encobre e submerge esse lingote e os outros iguais; quando vem o refluxo, a água flui por eles e os expõe. Eles brilham ao sol e o rei os supervisiona de seu assento no recinto que os encima. Decorre o seguinte: seu intendente deposita naquela lagoa um lingote de ouro todos os dias enquanto aquele rei viver, e ninguém encosta neles. Quando o rei morre, seu sucessor retira todos de lá e não deixa restar nenhum; os lingotes de ouro são contados e depois derretidos e repartidos entre os membros da família real: homens, mulheres, crianças, bem como entre os generais e servos, de acordo com suas posições e as atribuições de cada uma delas. O ouro que sobra depois dessa partilha é distribuído aos pobres e necessitados. A quantidade e o peso dos lingotes de ouro são registrados; diz-se que "fulano reinou por um período de tantos anos e deixou tantos lingotes de ouro na lagoa dos reis, e eles foram repartidos entre o povo do reino após sua morte". Quanto mais se estendem os dias do reinado de alguém, aumentando assim a quantidade de lingotes de ouro que ele lega ao povo, mais enaltecido este rei é.

De seus relatos antigos, há um sobre um dos reis de Qamár, que é a terra de onde se importa o pau-de-águila *qamari*. Não fica numa ilha, mas sim no que se segue após a terra dos árabes. Entre os demais reinos, não há nenhum mais populoso que o de Qamár. Todos os homens de lá condenam o adultério e qualquer tipo de vinho; então, em sua terra e em seu reino, não há nada disso. A terra de Qamár fica paralela ao reino de Mihraj e à ilha conhecida como Zabaj; a distância entre elas é de dez a vinte dias pelo mar, caso o vento esteja médio.

Diz-se que, nos tempos antigos, este tal rei ascendeu ao reinado de Qamár quando ainda era um jovem impulsivo. Um dia, ele estava sentado em seu castelo — que tinha vista para um vale em que corria água doce, como o Tigre do Iraque; o percurso entre seu castelo e o mar era de um dia — e o vizir estava diante dele. Discorrendo sobre o reino de Mihraj, sua grandiosidade, a abundância de suas construções e das ilhas que estavam sob seu controle, o rei disse ao vizir: "Tenho um anseio que gostaria de alcançar". O vizir, que era um conselheiro leal e conhecia o ímpeto do rei, indagou: "Qual seria, Vossa Majestade?". Ao que o rei respondeu: "Gostaria de ver a cabeça de Mihraj, rei de Zabaj, diante de mim numa bacia". O vizir soube que a inveja motivara aquela ideia na alma do rei, e disse: "Vossa Majestade, eu não gostaria que o rei cultivasse coisas assim em sua alma, uma vez que não há, entre nós e aquele povo — seja em ações ou em palavras —, nenhuma desavença, e eles não nos fizeram nenhum mal. Vivem numa ilha distante que não se avizinha à nossa terra, e não cobiçam nosso reinado. Essa conversa não pode chegar a ninguém, e Vossa Majestade não deveria repetir tais palavras".

O rei se enfureceu, não deu ouvidos ao conselheiro e divulgou seu desejo aos generais e aos mais proeminentes membros de sua corte. As línguas transmitiram e difundiram a mensagem, até que ela alcançou Mihraj, que era sensato, agia com prontidão e prudência, e já atingira a meia-idade. Ele convocou seu vizir, relatou-lhe o que ouvira e disse: "Diante do que se espalhou do assunto daquele ignorante e daquilo que ele deseja — por sua pouca idade e muita negligência — e pelo que se difundiu do que ele disse, não devemos nos conter. Caso o façamos, a força de nosso reinado vai se fragmentar, enfraquecer e ficar debilitada". Ele ordenou ao vizir que mantivesse sigilo sobre o que se passara entre eles dois, mas que preparasse mil embarcações médias equipadas e indicasse, dentre os homens armados e corajosos, um comandante autônomo para cada uma delas. O rei então espalhou a notícia de que queria passar pelas ilhas de seu reino e escreveu aos governantes de tais ilhas — os quais lhe são obedientes —, contando-lhes sua decisão de visitá-los e de passear por suas ilhas. Isso se difundiu e os governantes de todas as ilhas se prepararam para recepcionar Mihraj adequadamente.

Quando a situação estava pronta e ordenada, o rei e seu exército entraram em suas embarcações e rumaram para o reino de Qamár. Ele e seus companheiros usam gravetos para limpar os dentes, várias vezes por dia, e sempre os carregam consigo ou com seus escravos. O rei de Qamár não pressentiu o que acontecia até que Mihraj atacou o vale que leva à morada real; ele posicionou seus homens, que cercaram o rei de Qamár de surpresa, o capturaram e dominaram sua morada. O povo do reino fugiu diante de seus olhos. Mihraj proclamou que tudo estava sob sua proteção; sentou-se no trono em que se sentava o rei de Qamár e trouxe o prisioneiro e seu vizir à sua presença.

Ele perguntou ao rei de Qamár: "O que o levou a querer aquilo que não estava a seu alcance, não lhe renderia boa sorte mesmo que o conseguisse e não lhe dava nenhum motivo que o levasse a fazê-lo a princípio?". Ele não teve resposta. Então, Mihraj lhe disse: "Se você, concomitante ao seu desejo de ver minha cabeça numa bacia diante de si, tivesse desejado se libertar de minha terra e governá-la, ou corromper parte dela, eu lhe faria tudo isso. Mas você quis algo específico e é isso que farei com você. Voltarei ao meu país sem estender um dedo sequer sobre porção alguma de suas terras, grande ou pequena. Que você seja uma advertência a todos que possam vir depois, para que não tentem ultrapassar suas capacidades e os limites do que lhes diz respeito, mas, ao invés disso, aproveitem o bem-estar de não estarem tomados por tal confusão". Dito isso, golpeou-lhe o pescoço.

Então, virou-se para o vizir e lhe disse: "Que você seja recompensado por ser um bom vizir. Para mim, a opinião que você emitiu ao seu mestre estava correta; se ele o tivesse ouvido... Veja quem é mais adequado ao reinado depois deste ignorante e o instaure em seu lugar".

Mihraj partiu imediatamente de volta a seu país, sem que ele nem nenhum de seus companheiros

estendessem um pouquinho sequer suas mãos
sobre as terras de Qamár. Quando chegou a seu
reino, sentou-se no trono e contemplou a lagoa;
uma bacia foi colocada à sua frente e nela estava
a cabeça do rei de Qamár. Ele convocou os mais
proeminentes de seu reino e contou-lhes o motivo
que o levara a tomar tal atitude. O povo de seu reino
clamou a Deus para que o recompensasse. Então,
ele ordenou que a cabeça fosse lavada e perfumada;
colocou-a num invólucro e a enviou ao rei que
assumira o mando das terras de Qamár depois da
execução do rei. Junto com a cabeça, escreveu-lhe:
"Fui levado a fazer o que fizemos com seu mestre por
causa da sua transgressão para conosco, e por nossa
necessidade de disciplinar aqueles como ele, pois
chegou aos nossos ouvidos o que ele gostaria de nos
fazer. Decidimos devolver-lhe a cabeça, uma vez que
não há mais o que possamos obter retendo-a aqui,
nem mais glória que possamos ter além da que já
tivemos por termos triunfado sobre ele".
    O relato alcançou os reis da Índia e da China,
e a importância de Mihraj se enalteceu aos
olhos deles. Depois disso, os reis de Qamár, ao
se levantarem pela manhã, passaram a se voltar
na direção das terras de Zabaj, louvando e se
prostrando em reverência a Mihraj.

Todos os reis da Índia e da China creem na
transmigração das almas e a consideram uma das

bases da fé. Um informante confiável relatou que certa vez um dos reis deles teve varíola e, quando se recuperou, olhou-se no espelho e viu como seu rosto ficara repugnante. Ele visitou um dos filhos de seu irmão e lhe disse: "Não é próprio àqueles como eu permanecer neste corpo depois que ele mudou tanto. De fato, o corpo é o invólucro da alma; quando dele ela se esvai, retorna em outro. Seja rei, pois estou separando meu corpo e minha alma, até descender em outro corpo". Então, pediu uma adaga afiada e ordenou que sua cabeça fosse cortada com ela; depois, ele foi cremado.

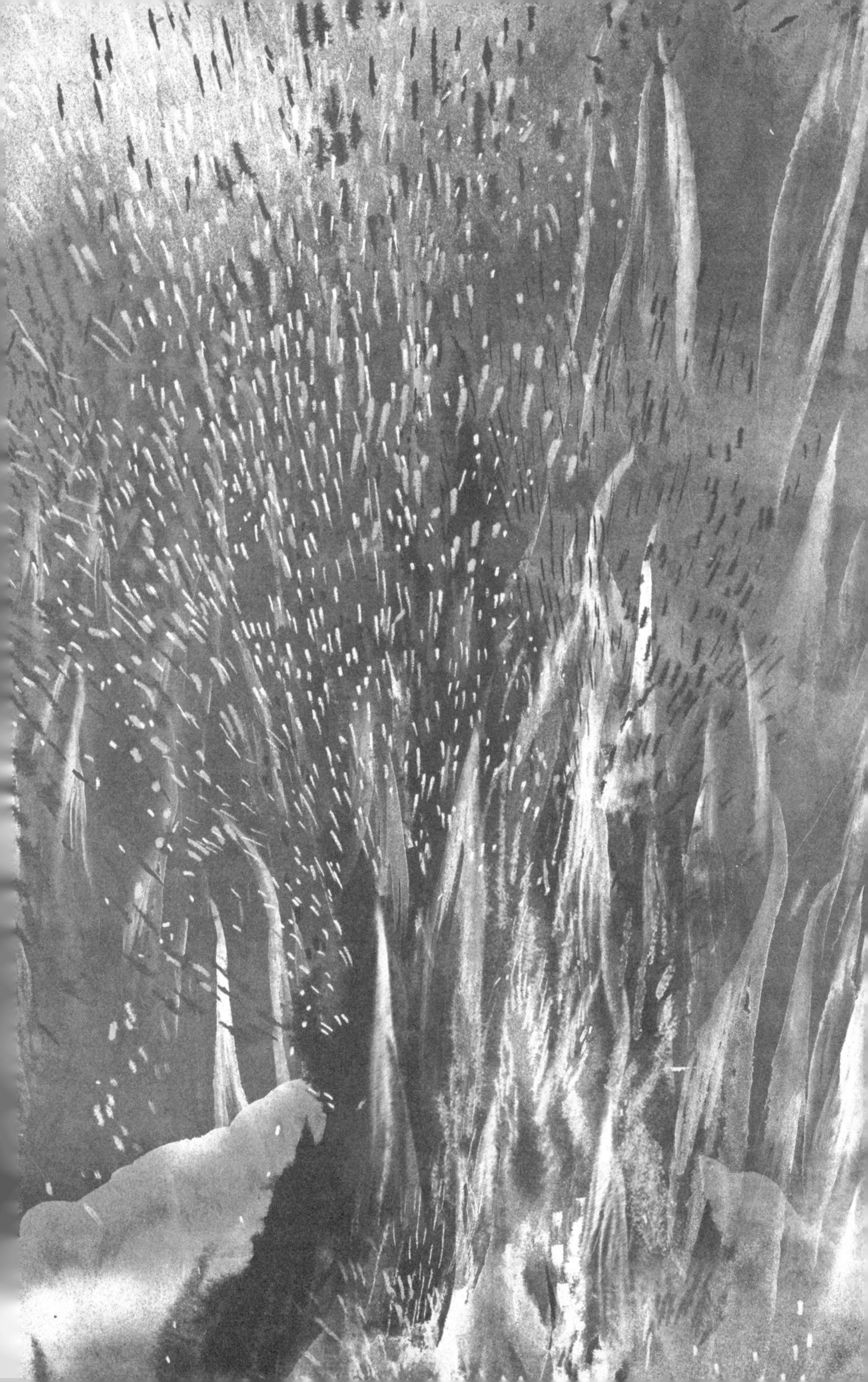

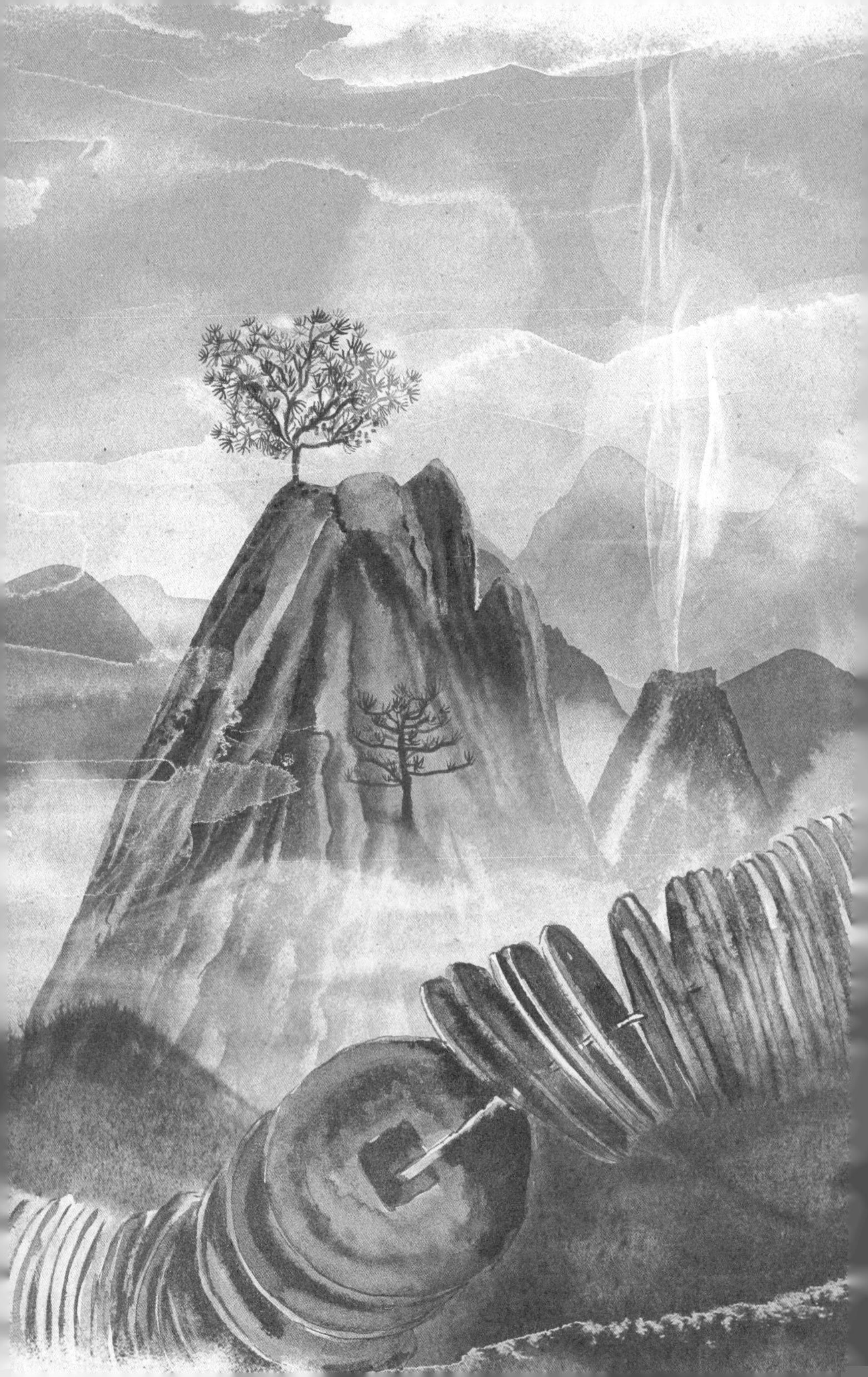

RETOMADA DOS RELATOS DA CHINA E MENÇÃO A ALGUNS ASSUNTOS

Antigamente, os chineses monitoravam suas transações — antes disso ter mudado neste nosso tempo — com um rigor que nunca se viu igual. Houve uma vez um homem de Khorasan que chegou ao Iraque, comprou muitas mercadorias e partiu para as terras da China; ele era de uma avareza, de uma sovinice extrema. Um eunuco do rei fora enviado a Khanfu — a cidade para onde se dirigem os mercadores árabes — para buscar o que o rei precisasse daquilo que as embarcações importavam; esse eunuco era um dos mais enaltecidos serventes do rei, responsável pelos cofres e tesouros. Houve uma desavença entre o eunuco e o tal mercador quanto às mercadorias de marfim e outras. O mercador se recusou a vendê-las pelo preço oferecido, até que a situação entre eles se agravou e o eunuco decidiu por si mesmo tomar à força o que escolhera das mercadorias, tratando o mercador com insultos.

Então, esse mercador se disfarçou e se dirigiu a Khamdan — a cidade do grande rei —, viajando por um período de dois meses ou mais. Quando chegou, foi até a corrente descrita no primeiro livro. O procedimento pelo qual a pessoa balança a corrente do sino que fica sobre o grande rei é o seguinte: ela é afastada para um local a dez dias de distância, como em um exílio, e lá fica presa por dois meses. Então, o governante daquela região a tira da prisão e diz: "Você se expôs à sua própria perdição e ao possível derramamento de seu sangue — caso esteja mentindo —, uma vez que o rei já permitiu que você e seus semelhantes lidassem diretamente com os vizires e governantes, junto aos quais não lhe faltaria intermediação. Quando estiver na presença do rei, saiba que: caso sua reclamação não seja condizente com a necessidade de apelar a ele, o preço será nada menos que seu sangue; isso serve para deter todos aqueles que possam agir como você agiu. Recue em sua reivindicação e siga no que lhe diz respeito". Se a reclamação é retirada, o reclamante leva cinquenta golpes com um bastão de madeira e é deportado à sua terra de origem; caso ele a mantenha, comparece à presença do rei. Assim foi com o mercador de Khorasan, que manteve sua reclamação e solicitou uma audiência.

Ele então foi enviado à presença do rei. O intérprete o interrogou acerca de seu assunto, e o mercador relatou o que se passara entre ele e

o servente que lhe havia tomado o que tinha em
mãos. O caso se espalhou e se difundiu em Khanfu.
O rei ordenou que o homem de Khorasan fosse
detido e recebesse o que precisasse de comida
e bebida, e encarregou seu vizir de escrever aos
oficiais do governo de Khanfu para investigar a
alegação do mercador de Khorasan a fim de atestar
sua veracidade. Ordenou que os comandantes das
alas direita e esquerda do exército, bem como o
comandante central, fizessem o mesmo — depois
do vizir, o mando dos exércitos compete a esses
três; o rei lhes confia a própria vida e, quando
cavalga com eles para a guerra ou por outro motivo,
todos o acompanham em formação. Então, cada
comandante escreveu de volta após ter descoberto
o suficiente para atestar a veracidade da alegação
do homem de Khorasan. Chegaram outros relatos
de toda parte até o rei, e o eunuco foi convocado.
Quando ele se apresentou, suas riquezas foram
confiscadas e ele foi destituído do controle
dos tesouros. O rei lhe disse: "Você deveria ser
executado por ter-me exposto ao erro perante
este homem, que percorreu o caminho desde
Khorasan até a fronteira do meu reino, pelas terras
dos árabes e, de lá, até os reinos da Índia, e então
até minha terra, tudo em busca de um benefício
justo. Você queria que ele retornasse por esses
mesmos reinos dizendo a quem lá estivesse: 'Fui
injustiçado nas terras da China e meu dinheiro
foi tomado à força'? Mas eu desprezo a ideia de

derramar seu sangue, nem que seja em razão de sua respeitabilidade longeva. Eu o incumbo, então, de administrar os mortos, uma vez que você foi incapaz de administrar os vivos". E ordenou que ele fosse encarregado de guardar e supervisionar os cemitérios reais.

Das maravilhas administrativas de antigamente — e não desse tempo —, havia o assunto dos julgamentos, e o prestígio que eles tinham nos corações. Para juízes, eles escolhiam quem não lhes inquietasse o coração com qualquer dúvida a respeito de seu conhecimento das leis, da confiabilidade de suas palavras, de seu compromisso com a verdade em todas as situações, de sua recusa a fechar os olhos para quem estivesse acima de sua posição; era assim para que a verdade estivesse em seu lugar, e os juízes fossem honestos para com as posses do povo mais necessitado e o que mais viesse a lhes passar pelas mãos.

Quando eles decidiam investir alguém no cargo de juiz dos juízes, eles o enviavam, antes de sua investidura, a todas as cidades mais importantes de suas terras; o candidato passava um ou dois meses em cada uma e pesquisava as circunstâncias de seus habitantes, bem como seus relatos e costumes, e aprendia de quem eram as palavras em cujo conhecimento se podia confiar sem a necessidade de questionamentos. Quando ele tivesse percorrido todas essas capitais e não restasse no reino nenhuma grande cidade onde não houvesse estado, ele viajava de volta ao palácio real e era nomeado juiz dos juízes; a escolha era então confirmada e ele assumia o cargo. Seu conhecimento acerca de todo o reino e de quem devia ser instalado em cada região — seja entre os locais ou os de fora — era o conhecimento de alguém que não precisava recorrer àqueles que seriam tendenciosos, nem deixavam de dizer a verdade quando questionados. Além disso, nenhum desses juízes regionais estaria preparado para lhe escrever a respeito de qualquer coisa que ele soubesse ser diferente, e nem lhe omitiria nada de sua parte.

Todos os dias, um arauto do juiz supremo proclamava à porta dele: "Há algum reclamante ao rei que não esteja às vistas de seus protegidos, ou alguém com um motivo de reclamação contra seus generais ou demais súditos? Sou seu encarregado para tudo isso, pelo poder de intermediação que ele conferiu a mim e o cargo no qual me investiu!". Ele dizia isso três vezes. O entendimento dos chineses a respeito do reinado era de que o rei não deixaria sua posição a menos que houvesse registros de sua evidente tirania nos escritórios administrativos dos governantes regionais, ou que ele desconsiderasse os julgamentos dos juízes. Dessa forma, quando o rei se prevenia dessas duas infrações, só se registravam atos justos nos escritórios administrativos e só assumiam os cargos de juiz aqueles comprometidos com a verdade; assim, o reinado prosseguia de maneira harmônica.

 Quanto a Khorasan e sua adjacência às terras da China: entre elas e a Sogdiana, o percurso é de dois meses. Contudo, é preciso atravessar um deserto proibitivo, areias sem fim, onde não há água nem leitos de rios, nem construções próximas. Por isso o povo de Khorasan não ataca tais terras. A região que há após a China, em direção ao poente, é conhecida como Bamdhu e fica na fronteira com o Tibete; as guerras entre as duas populações são contínuas.

 Entre os que já adentraram a China, houve quem mencionasse ter visto um homem que carregava um odre de almíscar nas costas; ele viera a pé de Samarcanda, cruzando uma após outra as cidades da China até chegar a Khanfu, para onde se dirigem os mercadores vindos de Siraf. A terra onde há cervos almiscarados chineses e o Tibete são uma só terra, sem diferenças entre as duas; o povo da China pega os cervos que lhe são mais próximos, e o mesmo faz o povo do Tibete. De fato, o almíscar tibetano é preferível ao chinês por dois motivos: o primeiro é que os cervos almiscarados que vivem na fronteira do Tibete pastam valerianas, e os que vivem nas terras da China pastam outras ervas; o segundo é que o povo do Tibete preserva as glândulas dos cervos em seu estado natural, e o povo da China adultera as glândulas que obtém — além de, ao navegarem, exporem-nas à umidade. Se os chineses preservassem o almíscar nas glândulas e as pusessem em jarros de cerâmica selados, elas chegariam à terra dos árabes com a mesma qualidade das tibetanas.

O melhor almíscar de todos é aquele obtido após os cervos terem se esfregado contra as pedras das montanhas. O almíscar é uma substância que escorre pelo umbigo dos cervos e se acumula como sangue fresco — igual ao sangue dos furúnculos. Quando suas glândulas maturam, os cervos as esfregam contra as pedras e elas incham até que se rompem e seu conteúdo escorre; quando todo esse líquido sai e as glândulas supuram, a substância se acumula nelas como antes. No Tibete, há homens que saem à procura dessa substância nas pedras e possuem conhecimento específico da situação. Quando a encontram, coletam-na, reúnem-na, colocam-na em frascos e as levam até os reis. Esse é o melhor almíscar, pois maturou nas glândulas do animal vivo; é preferível aos demais almíscares, da mesma maneira que os frutos colhidos maduros das árvores são melhores que os outros colhidos antes de amadurecerem.

Fora esse almíscar, todos os outros tipos proveem de cervos caçados com armadilhas suspensas ou flechas e, com frequência, suas glândulas são cortadas antes que o almíscar que há nelas possa maturar. Além disso, quando são cortadas, elas ficam com um cheiro desagradável por um tempo. Elas acabam secando depois de muitos dias; enquanto secam, a substância se transforma e se torna almíscar. O cervo almiscarado é como todos os cervos de nossas terras — tanto em tamanho e cor, como por suas pernas esguias, seus cascos fendidos e seus cornos eretos curvados nas pontas. Entretanto, ele tem, de cada lado do maxilar, uma presa fina, branca e vertical na frente da cara; cada presa tem o comprimento da distância entre as pontas do indicador e do polegar de uma pessoa ou menos, e o formato de uma presa de elefante. Essa é a diferença entre o cervo almiscarado e os demais cervos.

As correspondências entre os grandes reis e os governantes e eunucos das grandes cidades é feita por meio de mulas dos correios, as quais têm o rabo tosquiado da mesma maneira que as mulas dos correios de nossas terras. Elas percorrem rotas conhecidas.

Além do que já descrevemos sobre os assuntos dos governantes do povo da China há o seguinte: eles urinam de pé, bem como o fazem todos os demais súditos de suas terras. Os governantes, os generais e as pessoas eminentes possuem tubos de madeira envernizada — cada um com um cúbito de comprimento e um buraco em cada ponta, sendo o de cima largo o bastante para a glande. Quando um homem quer urinar, ele fica de pé, aponta o tubo para longe de si e urina por ele.

Eles alegam que isso é mais saudável para o corpo, que todas as dores na bexiga, causadas por cálculos na urina, são decorrentes de se urinar sentado, e que a bexiga só se esvazia completamente quando se urina de pé.

Eles deixam crescer os cabelos na cabeça — refiro-me aos homens —, porque rejeitam a prática de arredondar e endurecer a cabeça dos recém-nascidos, como fazem os árabes. Eles dizem que isso tira o cérebro do lugar em que foi criado e prejudica os sentidos conhecidos. As cabeças são irregulares, e assim o cabelo as cobre e as esconde.

Quanto às esposas nas terras da China: os chineses são formados de diferentes povos e tribos — tal e qual os israelitas e os árabes —, e cada fração reconhece as demais. Nenhum deles se casa com parentes próximos ou com alguém da mesma linhagem; eles vão além, de modo que ninguém de uma tribo se casa com alguém da mesma tribo. É como se os membros de Tamim não se casassem com alguém dos Tamim, e os Rabi'a não se casassem com outros Rabi'a. Ao invés disso, os Rabi'a se casariam com os Mudar, e os Mudar, com os Rabi'a.[14] Os chineses afirmam que isso gera uma prole mais distinta.

[14] Tamim, Rabi'a e Mudar: tribos da Península Arábica existentes desde o período pré-islâmico.

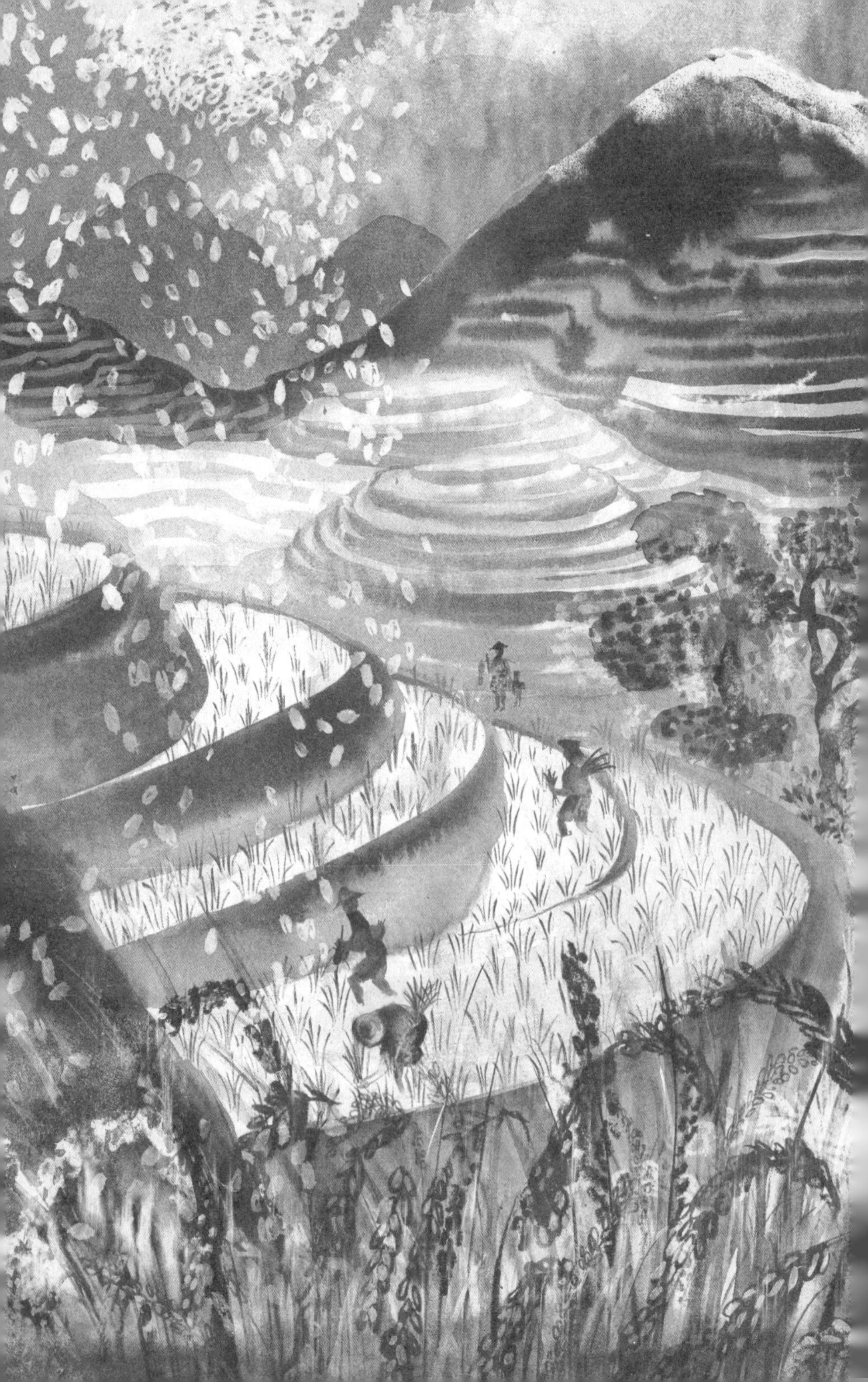

ALGUNS RELATOS DA ÍNDIA

No reino de Balahará e no reino dos demais reis da Índia, há quem se imola no fogo. Isso se dá pela crença deles na transmigração das almas, que domina seus corações, e pelo anseio que eles nutrem de eliminar qualquer dúvida que possam ter a respeito dela.

Quando um de seus reis assume o reinado, cozinham para ele arroz, que é colocado numa folha de bananeira, e o novo rei então convida trezentos ou quatrocentos companheiros — eles comparecem por vontade própria, não porque lhes é imposto. Depois de comer desse arroz, o rei o oferece aos demais; cada um dos convidados se aproxima, pega um pouco do arroz e o come. Quando o rei morre ou é morto, todos aqueles que comeram desse arroz — até o último deles — são obrigados a se imolar no fogo; devem fazê-lo no dia em que ele morre, sem atraso, até que não reste nenhum vestígio deles.

Se um homem decide se imolar no fogo, ele vai até o portão do rei e pede permissão; depois, circula pelos mercados, e acendem para ele uma pira numa enorme pilha com muita lenha — há homens encarregados de acendê-la até que fique quente e incandescente como a cornalina. Então, o homem começa a correr circulando pelos mercados; à sua frente, vão pessoas tocando címbalos, e à sua volta, seus compatriotas e parentes próximos. Um deles coloca uma grinalda de plantas aromáticas na cabeça dele, preenche a grinalda com brasas e a polvilha com sandáraca, que reage com o fogo como o betume. Ele continua andando com a coroa queimando, exalando o cheiro da carne chamuscada de sua cabeça; ele não muda o passo, nem demonstra aflição, até que chega à pira, salta nela e queima até virar cinzas.

Um informante — que estava presente quando um deles ia adentrar o fogo — mencionou que, quando o homem chegou à pira, pegou uma adaga, colocou-a acima do abdômen e o abriu até o púbis. Depois, ele enfiou a mão esquerda em suas entranhas, pegou o próprio fígado e puxou para fora o quanto pôde — tudo isso enquanto falava. Então, cortou um pedaço do fígado com a adaga e o entregou a seu irmão, a fim de insultar a morte e demonstrar sua tolerância à dor. Depois, lançou-se ao fogo — e à maldição de Deus.

Esse informante alega que, nas montanhas daquela região, há um grupo de indianos que segue uma via como a dos valentões e encrenqueiros de nossa terra, em busca da futilidade e da ignorância; há uma rivalidade entre eles e o povo do litoral. Os homens do litoral adentram as montanhas continuamente para desafiar alguém que esteja à altura de competir com eles, bem como o fazem os da montanha com os do litoral. Um homem do povo das montanhas foi até o povo do litoral com esse intuito, e as pessoas se reuniram à sua volta — espectadores e oponentes. Ele demandou que os oponentes fizessem o mesmo que ele faria; caso fossem incapazes de fazê-lo, deveriam reconhecer sua superioridade. O desafiante se sentou ao lado de um ramo de bambus e ordenou a eles que dobrassem um daqueles bambus — esses bambus são emaranhados como a cana, mas sua base é como um grande jarro, ou mais larga. Se a ponta do bambu é puxada para baixo, ela reage até se aproximar do chão; se a soltam, ela retorna a seu lugar. Assim, a ponta de um bambu largo foi puxada até se aproximar do homem, que atou suas tranças a ela com um nó apertado. Então, pegou uma adaga afiada como o fogo e disse a eles: "Cortarei minha cabeça com esta adaga. No exato momento em que ela se separar de meu corpo, soltem o bambu. Quando ele retornar à posição inicial com a minha cabeça, darei risada, e vocês ouvirão uma breve gargalhada". O povo do litoral foi incapaz de fazer igual. Foi o que nos relatou alguém de quem não suspeitamos; hoje, essa história é conhecida, pois essas terras da Índia são próximas às terras dos árabes, e tais relatos chegam de lá o tempo todo.

É próprio dos indianos, quando homens e mulheres ficam mais velhos e seus sentidos se enfraquecem, que quem chegue a essa condição peça a seu povo que o lance ao fogo ou o afogue na água, confiante de que voltará. O costume deles é cremar os mortos.

Na ilha de Sarandib — onde há montanhas de pedras preciosas, mergulho para a pesca de pérolas e outras coisas —, havia um homem indiano que ousava adentrar o mercado carregando um *jazbi*, que é uma espécie de adaga fina, típica deles, de belíssima confecção. Ele erguia a mão contra o mercador mais eminente que conseguisse encontrar, agarrava-o pela gola, empunhava a adaga e o arrastava para fora da cidade — tudo em meio às pessoas, que não conseguiam fazer nada para impedi-lo, pois, caso quisessem apartá-los, ele mataria o mercador e a si mesmo. Ao sair da cidade, ele exigia um resgate pelo mercador, e alguém ia atrás dele e pagava muito dinheiro por esse resgate. Essa prática persistiu durante um tempo, até que assumiu o poder um rei que ordenou que qualquer indiano que agisse assim deveria ser capturado a qualquer custo. Mas sempre que se tentava capturá-lo, o indiano matava o mercador e depois se matava. Esse foi o destino de muitos, e inúmeras vidas de indianos e árabes foram perdidas assim. Quando o temor se instaurou entre todos, a prática acabou e os mercadores voltaram a se sentir seguros.

    O local de extração das pedras preciosas vermelhas, verdes e amarelas fica na montanha de Sarandib — que é uma ilha. A maior parte das pedras aparece para eles durante o fluxo da maré; a água as rebolca de dentro das cavernas, grutas e cursos d'água — lugares onde há vigias do rei. Às vezes, eles as extraem da mesma maneira que os minérios das minas; as pedras preciosas saem confinadas em rochas das quais são então separadas.

    O rei dessa ilha possui um código de lei religiosa e um conselho de xeiques, os quais realizam conferências como as dos nossos estudiosos de *hadith*. Os indianos recorrem a eles para estudar a vida de seus profetas e as normas de seu código de leis. Lá, existe um enorme ídolo de ouro puro — cujas dimensões os marinheiros extrapolam em seus relatos — e templos nos quais se gasta grandes quantias de dinheiro. Nessa ilha, há muitas comunidades de judeus e de todas as demais religiões, além dos dualistas. O rei permite que todos esses grupos vivam sob suas próprias leis religiosas.

À beira dessa ilha, há grandes *ghubbs* — *ghubb* é um leito de rio longo, largo e que deságua no mar. Quem atravessa o *ghubb* conhecido como *ghubb* de Sarandib viaja durante dois meses ou mais por bosques e vergéis de clima moderado. À boca desse *ghubb*, está o mar conhecido como Harkand. É um lugar salubre, onde uma ovelha custa meio *dirham*, o mesmo preço que uma bebida preparada com mel de palmeira e sementes de hipérico frescas, que alguns homens bebem.

O que eles mais fazem é apostar em rinhas de galo e no gamão. Os galos são corpulentos e têm grandes esporões; eles pressionam adagas pequenas e afiadas nesses esporões para soltá-los. As apostas são feitas em ouro, prata, terras, escravas, entre outros itens — um galo vencedor chega a valer uma grande quantia de ouro.

Da mesma maneira, os jogos de gamão sempre envolvem vastas apostas, ao ponto de pessoas desprovidas de condição e dinheiro — quando são do tipo que busca ficar à toa e demonstrar

valentia — apostarem, com frequência, a ponta
dos próprios dedos. Jogam com um recipiente ao
lado, no qual há óleo de nozes ou de gergelim —
pois eles não têm azeite — e uma chama que
o aquece. Entre os jogadores, fica um pequeno
machado afiado. Quando um deles triunfa sobre
seu oponente, este coloca a mão sobre uma
pedra e o vencedor golpeia a ponta de um dedo
do perdedor com o machado e a corta. Então,
o perdedor coloca sua mão no óleo extremamente
quente e a cauteriza; isso não o impede de retornar
ao jogo — às vezes, ambos saem tendo perdido a
ponta de todos os dedos.

Alguns deles pegam um pavio, embebem-no em
óleo, posicionam o pavio em um de seus membros
e lhe ateiam fogo; ele queima exalando o cheiro de
carne, enquanto o jogador continua jogando sem
demonstrar nenhuma aflição.

A depravação sexual é difundida nesse local,
tanto entre mulheres como entre homens, e
não é proibida. Às vezes, chega ao ponto de os
mercadores marinheiros convidarem a filha de um
dos reis e ela ir até os bosques com o conhecimento
de seu pai. Os xeiques do povo de Siraf proibiam as
viagens comerciais àquela região, principalmente
aos jovens.

Quanto ao assunto da *yasara*, que é uma chuva
que há nas terras da Índia: ela cai continuamente
durante três meses consecutivos do verão, de
noite e de dia, sem se deter em nenhum momento.

Antes de ela chegar, as pessoas preparam mantimentos e, quando a *yasara* chega, ficam em casa, porque as casas são feitas de madeira e têm telhados impermeáveis e cobertos por plantas locais. Ninguém sai de casa, a não ser por algum motivo importante. Já os artesãos desses lugares dedicam-se às suas atividades durante esse período. Às vezes, as solas de seus pés apodrecem nessa época.

O sustento depende dessa *yasara* — se ela não ocorresse, a população sucumbiria, por causa do plantio de arroz, que é o único mantimento conhecido e existente. Nesse período, o arroz cresce espalhado nas *haramas*, sem que seja preciso regá-lo, nem se desgastar com isso — as *haramas* são campos de plantação de arroz. Quando o céu abre após as chuvas, o arroz está em sua plenitude e abundância máxima. Não há chuvas no inverno.

Entre os indianos, há devotos religiosos ligados ao conhecimento e chamados de brâmanes, poetas que frequentam as cortes dos reis, astrólogos, filósofos, sacerdotes e intérpretes de augúrios de corvos e outros pássaros. Também há feiticeiros e exímios ilusionistas que exibem seus truques — especificamente em Qannauj, que é uma grande região do reino de Jurz.

Na Índia, há um povo conhecido como *bikarji*. Eles vivem nus, embora seus cabelos cubram seu corpo e sua vergonha. Possuem unhas alongadas como pontas de lança, pois só são aparadas se quebram. Eles têm um modo de vida vagante. Cada um dos *bikarji* usa no pescoço um cordão com um crânio humano; quando sentem fome, param à porta de alguém, que rapidamente lhe traz arroz cozido por considerá-lo auspicioso, e ele então o come no crânio; depois de se saciar, vai embora e só retorna para pedir comida em momento de necessidade.

Os indianos têm práticas diversas de leis religiosas, por meio das quais eles se aproximam (conforme alegam) de seu Criador — glorioso e altivo seja Deus para além do que dizem os injustos![15] Uma delas é construir, à beira de suas estradas, postos de parada para os transeuntes, nas quais posicionam um tendeiro de quem os passantes possam comprar o que necessitam. Também instalam em cada posto uma mulher indiana como prostituta; ela é bancada pelo dono do posto para que os passantes desfrutem de seus favores. Para eles, isso é motivo de recompensa divina.

Na Índia, há prostitutas conhecidas como prostitutas do ídolo. Pois, se uma mulher faz um voto e dá à luz uma menina bonita, vai com ela ao *budd* — o ídolo que eles adoram — e a oferta a ele. Depois, ela consegue uma casa para a filha no mercado, pendura uma cortina na porta e a coloca sentada numa cadeira, para que indianos e outros das demais vertentes — aqueles cuja fé permite — possam ir ter com ela, que, por

15 Semelhante a Alcorão 17:43.

sua vez, faz-se disponível mediante uma taxa conhecida. Sempre que junta uma certa quantia, ela a entrega aos guardiões do ídolo para custear as construções dos templos. E louvamos a Deus — glorioso e altivo seja — pelo que escolheu para nós, expurgando-nos dos pecados dos infiéis!

Quanto ao ídolo conhecido como Multan, que fica próximo a Mansura, há quem viaje por muitos meses para visitá-lo. Alguns trazem consigo pau-de-águila indiano e *qamaruni* — Qamarun é uma terra onde há pau-de-águila de excelente qualidade — e entregam-nos aos guardiões do templo para incensar o ídolo. Uma *manna* desse pau-de-águila custa duzentos dinares; às vezes, se um anel de selo é pressionado nele, a impressão fica, tamanha sua suavidade. Os mercadores o compram desses guardiões do templo.

Na Índia, há devotos cuja prática religiosa é viajar até ilhas situadas no mar, plantar coqueiros e extrair água doce — como recompensa divina. Caso passem por elas embarcações, estas usufruem dos benefícios disso. No Omã, há quem viaje até essas ilhas que têm coqueiros, levando consigo ferramentas de carpintaria e outras. Eles cortam o quanto querem da madeira de coqueiro. Se está seca, é serrada em tábuas; eles trançam fios da fibra do coqueiro para costurar essas tábuas de madeira, e constroem embarcações com elas. Também entalham mastros dessa madeira, tecem velas de suas palmas e, de sua fibra, trançam

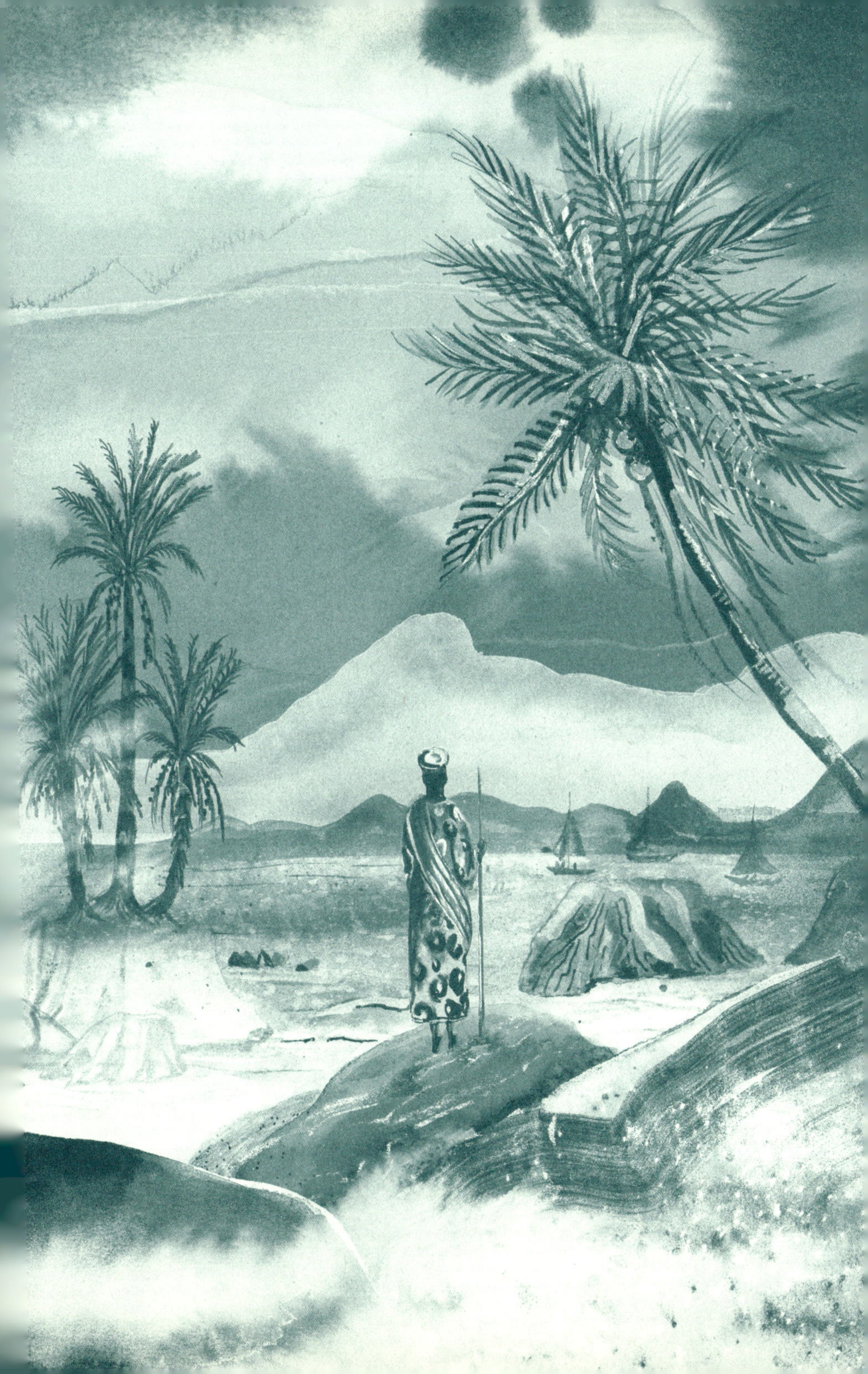

kharabas — que são o que chamamos de cabos. Quando encerram toda essa atividade, enchem as embarcações com cocos, voltam para o Omã e os vendem. As bençãos e os benefícios do coqueiro são muitos; uma vez que tudo se obtém deles, não há necessidade de outras coisas.

As terras dos *zanj* são vastas. O que brota nelas de milho — que é o mantimento deles —, de cana-de-açúcar e de todas as demais árvores… tudo isso é preto. Eles têm reis que guerreiam uns contra os outros, e os reis deles têm homens conhecidos como "os perfurados", cujo nariz têm furos onde se prendem argolas, nas quais penduram correntes. Quando há uma guerra, eles vão na frente; cada corrente é segurada pela ponta por um homem que a mantém perto de si, impedindo o avanço até que os emissários tenham feito a intermediação entre os lados; ou tudo se resolve e as correntes nos pescoços ficam presas, ou eles são soltos e entram em guerra. Não há quem faça frente a eles, e nenhum deles deixa sua posição a menos que seja morto.

Os *zanj* têm uma grande reverência pelos árabes em seu coração. Quando veem um árabe, ajoelham-se e dizem: "Este vem de um reino onde brotam as tamareiras!", tamanho é o prestígio da tâmara, tanto em suas terras como nos corações.

Eles dão sermões e não há, entre outros povos, pregadores como eles, que pregam em suas línguas.

Entre eles, há quem se devota a servir o divino; esses se cobrem com peles de leopardo ou de macaco e seguram um cajado na mão. O que eles fazem é se aproximar das pessoas, que se reúnem numa multidão à sua volta; eles ficam parados de pé o dia todo, até o anoitecer, pregando a elas para que pensem em Deus — altiva seja Sua menção — e lhes descrevendo o destino dos seus que haviam morrido.

 É dessas terras que se exportam leopardos *zanji*, que têm uma cor avermelhada e uma raça nobre, além de um porte grande.

No mar, há uma ilha conhecida como Socotorá, onde brota a babosa socotrina. Está localizada próxima às terras dos *zanj* e às dos árabes.
A maioria de seus habitantes é cristã. A explicação para isso é a seguinte: quando Alexandre conquistou o reinado da Pérsia, seu professor Aristóteles lhe escrevia para instruí-lo a respeito do que sabia sobre as terras. Escreveu-lhe que devia procurar uma ilha conhecida como Socotorá, e que nela brotava essa babosa, que é um grande remédio sem o qual nenhum laxante está completo. Disse-lhe também que o correto seria expulsar todos os habitantes da ilha e instaurar alguém entre os gregos para guardá-la, para que a babosa pudesse ser exportada de lá para o Levante, para Roma e para o Egito. Então, Alexandre enviou tropas,

retirou o povo da ilha e assentou nela um grupo de gregos. Ele instruiu os governantes regionais da Pérsia — os quais, após a morte de Dario, o Grande, obedeciam às suas ordens — a protegerem esses gregos. Assim, eles ficaram sob essa proteção, até que Deus enviou Jesus — a paz esteja com ele — e sua mensagem alcançou os gregos que estavam nessas ilhas, e eles se converteram ao cristianismo, como a maioria dos romanos. Seus descendentes vivem na ilha até hoje, junto a todos os demais habitantes que lá se estabeleceram.

Nesse livro — ou seja, no primeiro livro —, não se mencionam os mares que ficam à direita das embarcações quando saem do Omã e da terra dos árabes pelo meio do grande mar. São descritos somente os mares que ficam à esquerda delas — que é onde fica o mar da Índia e da China —, pois foi esse o intento da pessoa a partir de quem tal livro foi escrito.

Nesse mar à direita da Índia — para quem está saindo do Omã —, ficam as terras de Xihr, onde brota o olíbano; fazem parte das terras de Ad, Himyar, Jurhum e dos *tubba'*.[16] Eles falam línguas árabes antigas de Ad, das quais os árabes não compreendem a maior parte. Eles não têm aldeias e vivem uma vida árdua e pobre. A terra deles se estende até a terra de Aden e o litoral do Iêmen, e até Jidá; de Jidá até Jar e a costa do Levante, e então

16 Ad, Himyar e Jurhum são povos históricos da Península Arábica e Iêmen, mencionados para indicar as regiões geográficas que habitaram. O termo *tubba'*, por sua vez, é um título dinástico dos governantes himiaritas do sul do Iêmen.

segue para o Qulzum, onde acaba o mar. É o lugar sobre o qual disse Deus — altiva seja Sua menção —: "E Ele fez, entre os dois mares, uma barreira"[17]. Depois, o mar segue do Qulzum para a terra dos berberes e se conecta ao lado ocidental, que fica de frente para a terra do Iêmen, passando pela terra da Abissínia — de onde vêm as peles de leopardo berbere, que são as melhores e mais límpidas — e por Zayla, onde há âmbar cinza e carapaças do mar — que são as costas das tartarugas.

[17] Alcorão 27:61.

    Quando as embarcações do povo de Siraf chegam a esse mar à direita do mar da Índia e vão para Jidá, lá elas aportam, e suas mercadorias destinadas ao Egito são transferidas para embarcações do Qulzum. Isso acontece porque as embarcações de Siraf não são adequadas à travessia desse mar, pela dificuldade e pela grande quantidade de morros rochosos que há nele; além disso, não há reis nem construções nas linhas costeiras de lá. Quando uma embarcação o navega, ela deve procurar um local para ancorar à noite, por temer os morros; assim, ela viaja de dia e para à noite. É um mar hostil e fétido, onde não há nada de bom — seja nas profundezas ou na superfície. Não é como o mar da Índia e da China, em cujas profundezas há pérolas e âmbar cinza, e cujas montanhas têm pedras preciosas e minas de ouro; cujas feras têm marfim na boca; onde há fontes de ébano, sapão, bambu, árvores de pau-de-águila, cânfora, noz-moscada, cravo, sândalo e todas as demais especiarias aromáticas; uma terra onde há pássaros como os *fafaghá* — os papagaios — e os pavões, onde há bichos como a civeta e o cervo almiscarado, e tudo mais que ninguém conseguiria contar, tantas são suas qualidades.

Quanto ao âmbar cinza e o que chega dele às praias desse mar: é algo que as ondas lançam à costa e cuja origem é o mar da Índia, mas sua fonte não é conhecida. O de melhor qualidade é o que chega a Barbará e às fronteiras das terras dos *zanj*, de Xihr e do que se segue a elas; são como ovos arredondados azuis. O povo dessas regiões tem camelos de raça, os quais eles montam em noites enluaradas para percorrer as praias; esses camelos são treinados e ensinados a procurar o âmbar cinza na praia e, quando o veem, ajoelham-se para que seu dono o pegue. O âmbar cinza também é encontrado na superfície do mar e chega a ter grandes medidas — às vezes, é do tamanho de um touro ou quase isso. Quando a baleia conhecida como *bal* o vê, ela o engole; quando o âmbar cinza chega às suas entranhas, ele a mata, e a baleia boia na superfície da água. Há pessoas que ficam de vigia em botes e sabem os momentos apropriados para encontrar essas baleias engolidoras de âmbar cinza; quando veem uma, arrastam-na para a terra com ganchos de ferro e cordas robustas atadas às costas da baleia, para abri-la e extrair de dentro dela o âmbar cinza. O que há de âmbar cinza no estômago de uma baleia é o *mand*, que tem um fedor e um cheiro de peixe — são os que os perfumistas da Cidade da Paz e de Basra possuem —, o âmbar que não tem esse fedor da baleia é extremamente puro.

    Essa baleia conhecida como *bal* tem vértebras que, às vezes, são usadas para fazer cadeiras — um homem pode se sentar confortavelmente nela. Informantes mencionam que, a dez parasangas de Siraf, numa aldeia conhecida como Tayin, há pequenas casas antigas cujos telhados são feitos de ossos dessa baleia. Ouvi alguém contar que, muito tempo atrás, uma dessas baleias foi parar numa praia perto de Siraf; ao se aproximar dela, viu pessoas escalando seu dorso com uma pequena escada. Se os pescadores a capturam, deixam-na ao sol e cortam-lhe a carne, que é depois colocada em buracos que eles cavam, e onde se acumula sua gordura; também pegam a gordura de seus olhos com uma jarra — quando o sol os derrete. Juntam tudo e vendem aos senhores das embarcações. A gordura é misturada a outros ingredientes e usada para vedar as tábuas das embarcações e os pontos em que as tábuas se tenham fendido. A gordura dessa baleia é vendida por uma boa quantia de dinheiro.

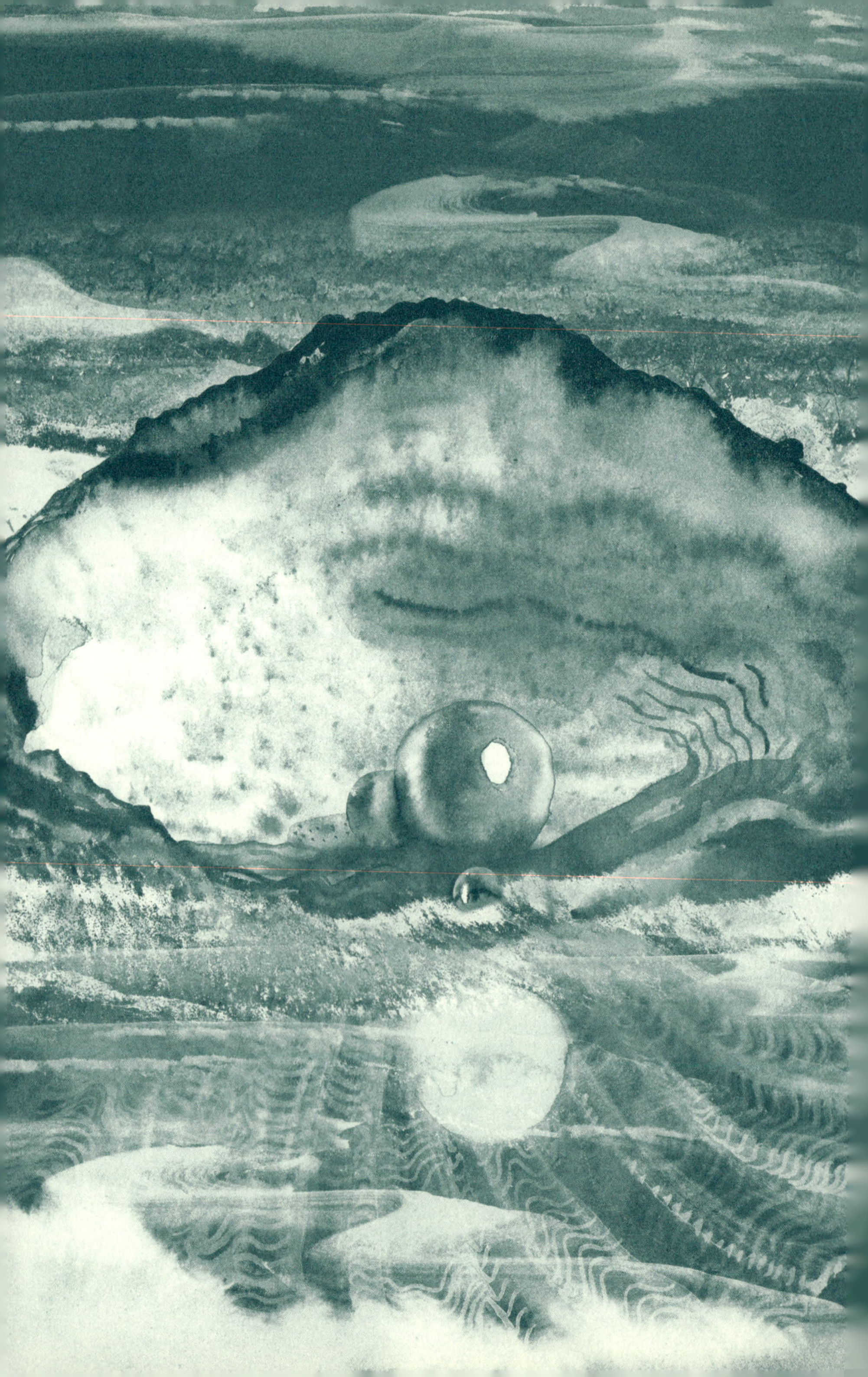

MENÇÃO À PÉROLA

A criação da pérola é fruto da benevolência dos planos de Deus — abençoado seja Seu nome, e glorioso e altivo seja Ele. Diz: "Glorioso é Aquele que criou os pares de tudo que a terra gera, das pessoas em si e daquilo que não sabem!"[18]. No começo, a pérola é do tamanho da folha da assa-fétida, e tem a mesma cor, forma, pequenez, leveza, refinamento e fragilidade. Ela flutua suavemente na superfície da água e se choca contra as laterais das embarcações dos mergulhadores que a pescam. Com o passar dos dias, ela se enrijece, cresce e fica dura como pedra. Quando fica pesada, ela afunda até o leito do mar — do que se alimenta, Deus sabe mais. Não há nada nela a não ser uma carne vermelha como uma língua, em cuja base não há ossos, tendões ou veias. As opiniões divergem quanto à origem da pérola: há gente que diz que, quando chove, a concha aparece na superfície do mar e abre a boca, para que entrem nela gotas de chuva, as quais viram pérolas; outros dizem que ela nasce da própria concha, e esse é o mais correto dos dois relatos, porque a pérola é frequentemente encontrada dentro da concha enquanto ainda está brotando e antes de ser arrancada. Então, ela é arrancada; essa é a que os mercadores navegantes chamam de "pérola arrancada" — e Deus sabe mais.

[18] Alcorão 36:36.

Do que já ouvimos de mais incrível sobre as formas da dádiva divina: em dias antigos, um beduíno chegou a Basra portando uma pérola que valia muito dinheiro. Foi até um perfumista conhecido seu, mostrou-lhe a pérola e perguntou-lhe a seu respeito — ele mesmo não sabia seu valor. O perfumista o informou que aquilo era uma pérola. O beduíno perguntou: "O que ela vale?", e o perfumista respondeu: "Cem *dirhams*". O beduíno achou que aquilo era muito dinheiro e disse: "Alguém a compraria de mim pelo que você disse?", ao que o perfumista pagou cem *dirhams*, e o beduíno os usou para comprar mantimentos para sua família. O perfumista pegou a pérola e a levou para a Cidade da Paz, onde a vendeu por uma grande quantia de dinheiro, que usou para expandir seu negócio.

O perfumista mencionou que perguntou ao beduíno como ele havia encontrado a pérola. Ele disse: "Passei por Samman — que fica nas terras do Bahrein, a uma distância próxima ao litoral — e vi, na areia, uma raposa morta, à qual alguma coisa havia se agarrado. Desci e encontrei algo parecido com um prato com um brilho branco por dentro; achei essa bolinha e a peguei". Assim, o perfumista conheceu a causa: a concha foi até a praia para respirar o vento — que é um costume das conchas —, a raposa passou por ela e, quando viu a carne no interior de sua boca aberta, deu um salto e enfiou o focinho na concha, que ficou preso quando a concha se fechou. (É próprio das conchas que, ao se agarrarem a algo e sentirem o toque de uma mão, não se abram de jeito nenhum, até que as duas partes sejam separadas pelas bordas com uma lâmina de ferro; elas agem assim para resguardar e proteger a pérola — tal e qual a mulher que protege seu filho.) Quando a concha se agarrou à raposa, esta começou a correr, batendo com o focinho no chão, de um lado e de outro, até que a concha sufocou a raposa e ela morreu, e a concha também. Então, o beduíno a pegou e tirou o que havia dentro; e Deus o conduziu até o perfumista, que a recebeu como uma dádiva.

Os reis da Índia usam, nas orelhas, pingentes de pedras preciosas engastadas em ouro e, no pescoço, colares com esplêndidas pérolas e pedras preciosas vermelhas e verdes, que são tanto custosas como valiosas e, hoje, são seus tesouros e reservas de dinheiro; seus generais e as pessoas mais proeminentes também os usam. Os líderes deles montam no pescoço de outros homens, cobrindo-se com um avental de cintura e segurando na mão uma coisa conhecida como *chatra*, uma sombrinha de penas de pavão que eles carregam para se proteger do sol; seus companheiros o cercam e avançam com ele.

Entre os indianos, há uma classe de pessoas na qual duas não comem do mesmo prato nem da mesma mesa, pois acham isso uma desgraça abominável. Se elas chegassem a Siraf e um dos mercadores eminentes as convidasse para uma refeição — ainda que fossem cem, ou menos, ou mais —, ele deveria posicionar, diante de cada uma delas, um prato de comida da qual ninguém mais compartilhasse. Quanto aos reis e às pessoas mais proeminentes de suas terras, todos os dias lhes são feitas mesas novas, bem como lhes são entrelaçadas palmas de coqueiro em forma de louças e pratos. Quando é servida a refeição, eles a comem nessas palmas entrelaçadas; quando terminam de comer, tanto a mesa como os pratos de palma entrelaçada — com a comida restante — são jogados na água. No dia seguinte, fazem do mesmo jeito.

Antigamente, dinares de Sind eram exportados para a Índia — um por três ou mais dinares comuns. O Egito exportava para eles esmeraldas engastadas em anéis e guardadas em caixinhas; e *bussadh* — que é o coral. Também exportavam para eles uma pedra chamada *dahnaj*, mas pararam de comprá-la.

A maioria dos reis deles, nas audiências, exibe suas mulheres a quem quer que compareça, seja de seu povo ou de outro. Elas não estão veladas às vistas.

Isso é o melhor do que se fixou em minha memória daquele tempo, dada a vastidão de relatos sobre o mar. Evitei contar aquilo a respeito do que mentem os navegantes, e no que a mente dos demais não acredita. Em todos os relatos, limitei-me ao que havia de correto — quanto mais breve, melhor. E Deus nos conforma ao que é correto.

Graças a Deus, o Senhor dos mundos; que Suas bendições recaiam sobre o que há de mais benéfico em Sua criação, Muhammad, e toda a sua linhagem. Deus nos basta e é nosso melhor triunfo e auxílio.[19]

[19] O manuscrito se encerra com a seguinte anotação: "Cotejado com o original pelo copista em *safar* do ano 596 [dezembro de 1199 d.C.]. E Deus é o guia".

[Fim do segundo livro.]

ZABAJ

RAMANI
Mar de Salaht

Tiyuma

Kalah Bar

Niyan

Lanjabalus

Rahun

SARANDIB

Sanf

Mar de Kanduranj

Mar de Sankhi

QAMÁR

Sandar Fulat

Mar de Andamão

Mar de Harkand

Portões da China

Khanfu

Qamarun

ÍNDIA

Bamdhu

TIBETE

Khamdan

CHINA

SILA

BROCADOS

Kulam Mali

KUMKUM

Mar de Larawi

Socotora

SIND

Mansura

Multan

KACHIBIN

KHORASAN

Samarcanda

SOGDIANA

Kusayr e Uwayr

Mascate

Sohar

Sif Bani al-Saffaq

Ibn/Bani Kawan

Siraf

Basra

PÉRSIA

Rio Tigre

Cidade da Paz

IRAQUE

Zayla

Aden

Xihr

IÊMEN

OMÃ

Mar de Quizum

Jidá

Jar

EGITO

Mar dos Khazar

Mar de Roma e Mar do Levante

POSFÁCIO DO TRADUTOR
Pedro Martins Criado

DO *RELATOS*

Preenchemos a terra até que ela se estreitasse diante de nós,
E a superfície do mar, nós a preenchemos com nossos barcos.
AMRU IBN KULTHUM AL-TAGHLIBI

As atividades de viajantes integram tanto a história árabe como a islâmica. Ambas contêm diferentes práticas de deslocamento espacial dentre alguns de seus elementos mais expressivos, como o nomadismo pastoril dos beduínos, a domesticação do camelo, as empreitadas dos mercadores da Península Arábica até a Síria e a circulação dos navegantes do Iêmen e do Omã entre a costa Suaíli e a do Malabar. O próprio marco inicial do calendário lunar islâmico é uma "viagem" de Meca a Yathrib (Medina): a hégira do profeta (as datas do calendário hegírico são marcadas com H. e o ano 1 começa em 622 d.C.). Além disso, desde os primeiros momentos da história intelectual islâmica, as viagens tiveram um papel crucial entre coletores de ditos de Muhammad, que se deslocavam em busca dos transmissores mais confiáveis, e filólogos que procuravam comunidades beduínas nas quais pudessem se embasar para fazer as primeiras descrições linguísticas formais do idioma árabe.

Entre os séculos 1-2 H./7-8 d.C., a expansão acelerada do Império Islâmico intensificou a demanda por conhecimento a respeito das regiões abarcadas pelo califado, culminando no surgimento de uma espécie de vertente literária, em que o decoro cortesão foi posto a serviço de diversos saberes reunidos sob uma tarja geográfica. Nesta, fundem-se citações de versos poéticos, história islâmica, lendas, maravilhas, cartografia descritiva, rotas de comércio e correio, arrecadação de tributos fundiários, costumes de povos, figuras notáveis e muitos outros assuntos. Nas obras dessa literatura, interpenetram-se o conhecimento erudito e a experiência direta de seus autores e informantes, interessados na descrição detalhada da morada do Islã e de seus contatos com o mundo fora de casa. Para eles, deslocar-se foi o que os levou a escrever sobre os saberes com os quais tinham contato, pondo em prática um dito do profeta segundo o qual todo muçulmano deve buscar o conhecimento nem que seja na China.

A disseminação do Islã fez de seus territórios grandes polos de atividade comercial, e as empreitadas dos mercadores se estendiam de tal modo que, num mercado de Damasco ou Bagdá, encontrava-se seda chinesa, almíscar tibetano, pérolas do Sri Lanka, noz-moscada indonésia, ouro da costa leste africana, tapeçaria persa e pele de zibelina das estepes asiáticas. Na mão oposta, já foram encontrados vestígios de embarcações árabes naufragadas no século nono, que transportavam carga chinesa perto de Belitung, na Indonésia. Tais dimensões e opulência são atestadas no depoimento de um prisioneiro da batalha do rio Talas, que se deu em 133 H./751 d.C., entre as forças abássidas recém-estabelecidas e os exércitos da dinastia Tang. Num fragmento transmitido por seu irmão Du You, o estudioso chinês Du Huan relata sobre Bagdá: "Tudo que se produz na terra se encontra lá. Carrinhos carregam incontáveis produtos aos mercados, onde tudo está disponível e barato. Brocado, seda bordada, pérolas e outras pedras preciosas estão expostas em todos os mercados e lojas de rua".

A circulação de viajantes, tanto oriundos como transeuntes da morada do Islã, expandiu-se de formas variadas: estudiosos da fé, mercadores, navegantes, emissários, carteiros, místicos e outros dispersaram-se por grandes extensões territoriais e, assim, estabeleceram relações entre as regiões mais centrais do califado e suas áreas mais remotas. A localização de grandes cidades islâmicas ao longo da Rota da Seda e de portos que davam para o Golfo Pérsico e os mares Vermelho, Mediterrâneo e Arábico fez aumentar o volume de pessoas em trânsito e expandiu as atividades comerciais e navais. Após o advento do Islã, as redes de comércio marítimo tornaram-se as principais rotas de divulgação da mensagem de Muhammad pelo Oriente, alcançando regiões como a Índia, o Sudeste Asiático e a China.

O texto que temos em mãos é um registro literário e histórico dessas atividades ocorridas em meados dos séculos 3-4 H./9-10 d.C.. *Relatos da China e da Índia* é o mais antigo exemplar conhecido em língua árabe a enfocar as presenças, relações e atividades no espaço conhecido como o "grande mar oriental" sob uma perspectiva islâmica; em seus relatos, fundem-se testemunhos diretos e narrativas mirabolantes. O registro nos permite vislumbrar uma fresta dessa realidade a partir dos pontos de vista de mercadores, marinheiros e contadores de histórias que relatam suas percepções acerca de um mundo extenso e intensamente conectado que foi o Oceano Índico pré-moderno.

Trata-se, na verdade, de um livro formado por dois, os quais diferem em escrita e em forma, mas não em tema. O primeiro deles data de 237 H./851-2 d.C.; e o segundo não possui data específica, então é remetido, em linhas gerais, à primeira metade do século 4 H./10 d.C., com base no que se sabe sobre seu compilador, Abu Zayd al-Hasan al-Sirafi.

Mais curto e fragmentado, o primeiro livro concentra-se em informações pertinentes a três temas: 1. a rota de navegação do Golfo Pérsico até Guangzhou; 2. conhecimentos úteis aos mercadores a respeito de localidades de interesse e das relações com os povos mencionados; e 3. características e costumes observados nos povos do caminho, com um enfoque evidente nos chineses e indianos.

Já o segundo consiste num conjunto de histórias nas quais as temáticas do primeiro são empregadas para desencadear narrativas variadas, reelaboradas conforme padrões de exposição literária. Nesse texto, as informações práticas são exceção, e mesmo que eventualmente elas ocorram, seu propósito é redirecionado para introduzir uma anedota divertida, estranha ou maravilhosa, mudando assim o foco pressuposto da narrativa. O teor prático existe, mas é secundário; ao invés de almejar uma aplicação, esse conteúdo passa a funcionar como um indicador temático, sinalizando para a audiência que aquelas histórias abordam situações excepcionais.

Apesar de hoje conhecermos apenas um manuscrito de *Relatos da China e da Índia*, seu conteúdo é reproduzido por algumas das grandes obras geográficas árabes dos séculos 3-4 H./9-10 d.C., como o *Kitab al-masalik wa al-mamalik* (*Livro das rotas e dos reinos*), de Ubaydullah Ibn Khurdadhbeh, o *al-A'laq al-nafisa* (*Os adornos preciosos*), de Ahmad Ibn Rusteh, o *Kitab al-buldan* (*Livro dos países*), de Ahmad Ibn al-Faqih al-Hamdhani, e o *Muruj al-dhahab wa ma'adin al-jawhar* (*Pradarias de ouro e minas de pedras preciosas*), de Ali Ibn al-Husayn al-Mas'udi. Assim, podemos entendê-lo como um livro que, embora não tenha sobrevivido em intensa circulação, ostentou um posto de certa relevância em seu tempo. Compiladores de obras literárias de teor geográfico que incluíssem a Índia, o Sudeste Asiático, o Oceano Índico, ou a China, recorriam a essa obra como fonte de um conhecimento raro, conferindo-lhe um *status* de saber preferível acerca desses lugares. Mesmo sem muitas referências nominais, explícitas e diretas, as informações e formulações contidas neste livro foram vastamente apropriadas por obras geográficas de grande prestígio, e acabaram se tornando uma fonte crucial do conhecimento islâmico acerca do Oriente durante séculos.

Seja por cada parte individualmente, seja pelo conjunto, *Relatos da China e da Índia* é uma obra de pertinência histórica. O primeiro livro expõe informações valiosas do ponto de vista comercial de forma consideravelmente direta, como os dados sobre produtos em maior demanda por importação e artigos de exportação de qualidade superior. Também inclui, por exemplo, informações práticas referentes à circulação por esses territórios, como a documentação exigida para se viajar pelas estradas e cidades chinesas.

O segundo, por sua vez, é uma importante fonte sobre eventos e relações entre muçulmanos e os habitantes das regiões abordadas. Deste volume, os maiores destaques são o relato sobre a rebelião de Huang Chao contra a dinastia Tang, iniciada em 874 d.C., e a menção ao massacre das comunidades de muçulmanos, judeus, cristãos e zoroastristas na cidade de Guangzhou. Segundo al-Sirafi, esse episódio foi responsável por um longo período em que se suspenderam as empreitadas comerciais islâmicas para além do Estreito de Malaca.

De fato, os dois livros também se diferenciam por estarem cada um num momento distinto de contato com a China: o primeiro remete a um período de relações comerciais intensas, e o segundo já se inicia com a afirmação de que tais relações haviam se interrompido. Essa falta de contato direto, por sua vez, foi um fator que favoreceu a caracterização literária da China e do Oriente distante como cenários de fabulação, que podem até remontar aos relatos factuais, mas enfatizaram tanto sua potência de estranhamento e deslumbre que, em última instância, foram despidos de seu caráter informativo e vestidos do incrível e do insólito. Em outras palavras: uma vez que as informações diretas ficaram escassas, as histórias inventadas e extrapoladas ganharam proeminência, tornando esse Oriente o *habitat* das maravilhas por excelência. O deslumbramento, que antes era um subproduto de relatos que remetiam a algo distante — sem precedentes, mas ainda humano —, passou a ser o cerne das histórias de viajantes e marinheiros, fazendo com que elas preenchessem um vácuo deixado pelo desconhecimento do verídico.

Sobre a Índia, pouco se comenta a respeito das relações comerciais. O único porto referido por nome é o de Kulam Mali, ou Coulão, para onde se navega do Omã. Esse fato pode indicar que o subcontinente em si não era um ponto de destaque na rota dos informantes. Nesse sentido, as ilhas do Oceano Índico são descritas com maiores detalhes do que todo o restante da Índia. O maior destaque é dado ao Sri Lanka, chamado de Sarandib, um nome originado do sânscrito Simhaladvipa. O retrato da Índia apresentado pelos depoimentos também chama a atenção por corresponder mais propriamente a uma descrição de diferentes ambientes de cultura hindu ou budista, e não ao que entendemos hoje como o território nacional indiano. O texto conhece a coexistência de diferentes reinos no vale do Decão, os quais são governados por reis autônomos, mas que reconhecem a superioridade do rei Balahará —

do sânscrito, Vallabha-raja, um título adotado entre os séculos 6-12 d.C. por membros de diferentes dinastias do sudoeste indiano, como Chalukya e Rashtrakuta. Às vezes, os informantes parecem impressionados com algumas práticas rituais hindus, como a reclusão dos ascetas, as autoflagelações, as imolações no fogo e as querelas legais.

O livro se propõe inclusive a fazer comparações entre chineses e indianos quanto à música, ao consumo de bebida alcoólica, à comida, ao casamento e ao trato para com os ladrões, além de expor diferenças entre eles e os muçulmanos.

Os dois livros incluem diversas palavras oriundas dos idiomas dos lugares descritos, mas sempre em uma forma aparentemente arabizada ou persianizada. Com frequência, palavras estrangeiras vêm seguidas de uma breve definição, sugerindo que quem registrou os relatos estava ciente de que tais palavras não pertenciam à realidade imediata da audiência, suscitando assim a necessidade de explicá-las. Esse procedimento ocorre com diferentes temas, como nomes de peixes, mercadorias, objetos variados, cargos administrativos e mais, apresentando produtos interessantes a quem tivesse meios de adquiri-los e instruindo a audiência a respeito do mundo.

Em termos de tipo de escrita, há uma nítida diferença entre os dois livros. O primeiro se dá, em maior parte, por meio de descrições objetivas — ainda que contenha algumas passagens mais "fantasiosas" —, e se assemelha a um diário de bordo. Quem o escreveu não dá indícios de erudição ou pretensões de elegância; pelo contrário, seu intuito é pragmático e sua elaboração é formal. Já Abu Zayd al-Sirafi, no segundo livro, demonstra instrução literária. Isso exemplifica a consolidação de uma tendência que, no tempo do primeiro, ainda se encontrava em estágio inicial: enquanto este representa uma literatura informativa, produzida a partir dos contatos comerciais e das relações que o Islã estabelecia com diversas localidades, o livro de al-Sirafi nos mostra que essa produção, predominantemente formada de testemunhos e documentos, passou a figurar no *corpus* a serviço do *adab*, a literatura cortesã islâmica. Tais registros informativos forneceram aos escritores do *adab* uma variedade de temas de fácil integração às histórias de maravilhas. Uma vez que as experiências e depoimentos dos navegantes e mercadores já soavam exageradas à maioria das pessoas, trabalhos de escritores como Abu Zayd podem ser entendidos como uma forma de conduzir esse estranhamento à fabulação, a fim de entreter a audiência sem a exigência de preservar seu caráter informativo. Nos relatos de viagens, encontram-se conteúdos cuja simples menção dispensa a necessidade de extrapolações para que surtam um efeito deslumbrante, pois sua origem distante e seu teor desconhecido já são, em si, motivos de perplexidade à grande maioria da audiência, que não mantém contato direto com regiões tão distintas e distantes de seu mundo cotidiano. Em *Relatos da China e da Índia*, observamos muito bem essa outra dimensão do potencial para o maravilhoso:

ele advém igualmente de situações extraordinárias, deslumbrantes e raras, e de curiosidades que, hoje, podem nos parecer triviais.

O primeiro livro

Mercadores e navegantes

Os relatos que compõem o primeiro livro evidenciam a realidade de seus informantes, enfatizando dados navais e mercantis. O início do texto se dedica à descrição do percurso marítimo entre alguns dos maiores portos islâmicos da época e a China, em meados do século 3 H./9 d.C. Sua prioridade são conteúdos pertinentes aos navegantes, como pontos de abastecimento de água doce e a moeda corrente em determinado lugar, e aos mercadores, como advertências sobre riscos de incêndios e roubos. Além da utilidade aos envolvidos nas atividades marítimas e comerciais, o livro possui um caráter persuasivo para aqueles que estejam hesitantes de se lançar à empreitada. A esses, alguns relatos podem transmitir uma sensação de segurança, como a existência de um juiz encarregado de intermediar questões entre muçulmanos na China — por sua vez, a única informação atribuída diretamente ao mercador Sulayman. Abu Zayd ecoa o mesmo teor de incentivo com uma anedota sobre a punição de um eunuco local por ter destratado um mercador de Khorasan.

Outras passagens funcionam de maneira semelhante ao discurso das vendas, demonstrando características positivas dos produtos por meio de descrições visuais e imagens contundentes, como o tecido que passa pelo anel, ou a argila translúcida. Assim como esse recurso integra os relatos dos comerciantes, ele é base para a elaboração literária no livro de Abu Zayd. Essas passagens são um bom indício da audiência à qual o texto parece se dirigir: nobres, cortesãos e mercadores — pessoas de poder aquisitivo compatível com os altos preços dos produtos transportados ao longo do Oceano Índico. As informações sobre mercadorias são valiosas, sobretudo, a quem possui meios de adquiri-las, além de cumprirem a função de localizar suas regiões por comporem a identidade geográfica de um lugar, o que incentivou os geógrafos a também se interessarem por elas.

Sulayman, o mercador

O primeiro livro que integra o *Relatos da China e da Índia* é de autoria desconhecida. Entretanto, é comum que ele seja atribuído à única figura cujo nome é mencionado: Sulayman al-Tajir ("Sulayman, o mercador") — por vezes, referido como al-tajir Sulayman ("o mercador Sulayman"), Sulayman al-Sirafi ("Sulayman, o sirafense") ou Sulayman al-Iraqi ("Sulayman, o iraquiano"). Há discordância quanto a essa atribuição do livro a um indivíduo específico, dada a escassez de evidências que a justifiquem. A hipótese considerada mais plausível é a de que se trata de um compilado de depoimentos fornecidos por informantes múltiplos — mercadores e marinheiros predominantemente de Basra, Siraf, Omã e Iêmen —, dentre os quais Sulayman seria apenas um, cujo nome foi preservado no texto sobrevivente. Ao levarmos em conta que estamos diante de um texto incompleto desde o início, podemos cogitar que, no restante dele, ocorressem menções nominais a outros informantes e, possivelmente, ao compilador.

Ainda assim, convencionou-se utilizar esse nome nas referências ao primeiro livro já na sua época. O geógrafo e literato Ibn al-Faqih reproduz, em seu *Livro dos países*, o trecho sobre a rota de Siraf até Guangzhou — ainda que com diferenças de redação — e o atribui a Sulayman, o mercador. Em seguida, o autor inclui um capítulo intitulado "A diferença entre as terras da China e as terras da Índia", no qual discorre acerca de alguns dos mesmos temas encontrados no *Relatos*. Compiladores como Ibn al-Faqih, situados nessa intersecção entre os temas geográficos e a elaboração literária, tomaram as informações dos testemunhos e relatos como base para escrever suas próprias obras, selecionando conteúdos que considerassem úteis e necessários à instrução de um cortesão erudito, mas também raro, inusitado e divertido. Nesse contexto, é possível entender também o compilador do segundo livro do *Relatos*, Abu Zayd al-Hasan al-Sirafi.

O segundo livro

Literatura marítima

Por serem espaços de convergência, os mercados e portos islâmicos eram um local frequente de trabalho para os contadores de histórias. Com a expansão das relações comerciais, foi principalmente entre os séculos 3-4 H./9-10 d.C. que temas ligados ao comércio e aos navegantes se intensificaram em suas narrativas para contemplar os interesses de uma audiência que havia aumentado muito em pouco tempo, assim como se multiplicaram os personagens das margens do grande mar oriental. A partir do segundo livro, conhecemos um pouco a respeito das histórias que esses contadores propagavam e dos interessados por relatos como os de Sulayman — mais especificamente, mercadores e navegantes que conheciam por si mesmos as localidades distantes, cortesãos com riqueza o bastante para adquirir tais mercadorias e financiar tais empreitadas, e coletores das histórias que tais viajantes traziam dos lugares mais remotos do mundo conhecido.

O que hoje chamamos de *Relatos da China e da Índia* é fruto do trabalho de Abu Zayd al-Hasan al-Sirafi, um desses cortesãos que, além de possivelmente ter se envolvido com o comércio, tinha interesse pelas histórias que circulavam nesses ambientes, bem como instrução suficiente para ser comissionado a verificar informações de tal natureza. Como um todo, o livro ilustra uma intersecção de temas e seus saberes:

comércio, navegação, geografia e histórias de viajantes. Contudo, na metade que é de sua própria composição, al-Sirafi não prioriza informações de aplicação prática, mas sim narrativas curiosas, trabalhadas aos moldes das histórias de marinheiros. As afirmações diretas e aparentemente soltas que predominam no primeiro livro dão lugar a períodos extensos, as anedotas de al-Sirafi se desenvolvem mais do que os breves comentários dos relatos, com dispositivos narrativos como diálogos e sequências de eventos definidos. O procedimento central é tomar o primeiro livro como ponto de partida, e não como fim.

Além de se localizarem nesse ambiente de histórias curiosas de viajantes, muitas das narrativas de Abu Zayd possuem pretensões didáticas e servem como exemplos alegóricos. Seu procedimento consiste em narrar a fim de ilustrar um princípio ou um evento ao invés de tentar descrevê-lo de maneira objetiva: a audiência de um tal Ibn Wahb com o grande rei da China destaca a extensão alcançada pelos viajantes islâmicos — não por acaso, um coraixita, membro do clã do profeta Muhammad; a anedota sobre o artesão que expõe sua peça de seda em frente ao palácio para ser criticada ressalta o padrão chinês de qualidade fabril. No caso do rei de Qamár que desafiou um dos reis de Zabaj, não parece ser relevante se o episódio é factual ou não; ao invés disso, a narrativa se desenvolve em etapas e conduz a audiência a uma conclusão sobre as correlações de poder entre esses reinos, transformando os personagens de tais localidades distantes, ainda que possivelmente reais, em personagens planos sem nome nem obrigação de corresponder à sua existência ou personalidade verídica.

Abu Zayd al-Hasan al-Sirafi

Pouco se sabe a respeito do autor do segundo livro que não seja dito por ele mesmo ou pelo historiador e geógrafo al-Mas'udi. No *Relatos*, ele se apresenta como Abu Zayd al-Hasan al-Sirafi e a única informação que dá a seu respeito é a de que ele foi encarregado de inspecionar o conteúdo do primeiro livro. Contudo, não se sabe quem o comissionou, nem com qual finalidade. Abu Zayd é quem afirma que o primeiro livro remonta ao ano de 237 H./851-2 d.C., mas não diz a data em que teria escrito o segundo livro. Não há maiores detalhes sobre ele, então podemos atestar pouco além do fato de que foi uma pessoa abastada e, embora ele mesmo não tenha viajado, muito interessada em coletar informações dos viajantes e mercadores, e registrá-las.

Em *Pradarias*, al-Mas'udi o apresenta como Abu Zayd Muhammad Ibn Yazid al-Sirafi, primo do governante de Siraf, Mazyad Ibn Muhammad Ibn Abrad Ibn Bastacha, e diz tê-lo conhecido no ano 303 H./914-5 d.C. em Basra, onde Abu Zayd vivia à época após ter deixado sua cidade natal. Al-Mas'udi se refere a ele num tom elogioso e o descreve como um homem "perceptivo e distinto". Ao que tudo indica, eles se encontraram duas vezes:

quando al-Mas'udi embarcava rumo à Índia e em seu retorno; nas duas ocasiões, trocaram informações que figuram nos livros de ambos, como o caso das tábuas encontradas no Mar Mediterrâneo e a audiência de Ibn Wahb com o grande rei da China. O mais provável é que al-Mas'udi seja o informante confiável que diz ter testemunhado a autoimolação do asceta indiano.

Por fim, é importante destacar o impacto que este livro surtiu, tanto na história da literatura árabe, como na literatura de suas histórias. Conhecê-lo é uma forma de adentrar as perspectivas das pessoas envolvidas em sua elaboração, direta ou indiretamente. A matéria é refratada a partir de muitos olhares e diferentes experiências, registrando momentos e lugares de acordo com seu repertório e suas ideias. Viajantes como os do primeiro livro de *Relatos da China e da Índia* e compiladores de histórias como Abu Zayd al-Sirafi se envolviam, em níveis variados, com povos e culturas sobre as quais a maioria de seus conterrâneos nada sabia. Suas maneiras de descrever essas realidades distantes, ou de aproveitá-las como ambientações narrativas, moldaram a percepção das comunidades que recebiam relatos sobre o Oriente e o Oceano Índico, e desencadearam uma profusão de histórias, personagens e maravilhas tão relevantes quanto seu representante mais ilustre: Sindabad, o marujo.

Este livro remonta a um momento em que a morada do Islã figurava entre as mais importantes encruzilhadas comerciais do mundo, e nos mostra como essas interações se desdobram em múltiplas formas de se entender diferentes realidades. Dos olhares que o compõem, extraímos o fascinante, o estranho, o útil, o supérfluo, o insólito, o tedioso e muito mais. Tal multiplicidade pode até resguardar certo valor enciclopédico, porém, mais do que isso, nos ensina sobre como é aprender através do convívio e da imaginação, e como esse processo é sempre resultado do relato de pessoas que, ainda que refratadas por seu próprio tempo e lugar, se propuseram a ir além desses horizontes para ver por si mesmas.

DO TEXTO EM CIRCULAÇÃO

Existe, hoje, apenas um manuscrito de *Relatos da China e da Índia*, que se encontra na Biblioteca Nacional da França. O ms. 2281 completo possui 148 fólios, divididos em:

I. fólios 2a-23b: um texto anônimo que é a base do conjunto;

II. fólios 24a-56a: um livro intitulado *al-Kitab al--thani min akhbar al-Sin wa al-Hind* (*O segundo livro de relatos da China e da Índia*), atribuído a Abu Zayd al-Hasan al-Sirafi.

O texto do fólio 56a se encerra com uma indicação de que a cópia foi feita e conferida no mês de *safar* do ano 596 H. (dezembro de 1199 d.C.). O manuscrito segue de 56b a 148a com cópias incompletas de outros textos, em muitas das quais as letras árabes não possuem pontos nem diacríticos. A procedência exata do manuscrito não é conhecida.

Em 1718, o abade Eusèbe Renaudot publicou em Paris uma tradução anotada ao francês com o título *Anciennes relations des Indes et de la Chine, de deux voyageurs mahometans, qui y allerent dans le neuviéme siecle* (*Relatos antigos da Índia e da China, de dois viajantes maometanos que lá estiveram no século nono*). Esse texto logo teve sua autenticidade questionada, pois Renaudot não dá informações sobre o manuscrito árabe. Contudo, em 1811, o original foi encontrado na Biblioteca Real junto a uma cópia feita pelo tradutor — por sua vez, catalogada como ms 2282 —, a qual foi então impressa por

Louis-Mathieu Langlès com o título *Silsilat al-tawarikh* (*Série de histórias*). A fixação de Renaudot ganhou maior circulação somente em 1845, acompanhada de uma tradução anotada de Joseph Toussaint Reinaud e intitulada *Relation de voyages faits par les arabes et les persans dans l'Inde et à la Chine dans le IXe siècle de l'ére chrétienne* (*Relatos de viagens feitas pelos árabes e persas na Índia e à China no século nono da era cristã*). Por fim, Gabriel Ferrand publicou uma nova tradução completa em 1922 sob o título *Voyage du merchand arabe Sulaymân en Inde et en Chine, rédigé en 851, suivi de remarques par Abû Zayd Hasan (vers 916)* (*Viagem do mercador árabe Sulayman pela Índia e pela China, escrita em 851, seguida por comentários de Abu Zayd Hasan (c. 916)*).

Quanto às fixações do texto árabe produzidas desde então, duas de maior circulação atualmente são: *Rihlat al-Sirafi*, de Abdallah al-Habchi, publicada em 1999 em Abu Dhabi; e *Akhbar al-Sin wa al-Hind*, de Tim Mackintosh-Smith, publicada pelo NYU Abu Dhabi Institute em 2014 — esse mesmo fixador também publicou uma tradução ao inglês em 2017 pela NYU Press. Outras fixações, estudos e traduções somente do primeiro livro também foram produzidas: uma fixação acompanhada de tradução comentada ao francês com o título *Akhbar al-Sin wa al-Hind, Relation de la Chine et de l'Inde rédigée en 851* (*Akhbar al-Sin wa al-Hind, Relatos da China e da Índia escritos em 851*), publicada em 1948 por Jean Sauvaget; uma tradução ao inglês que integra o livro *Arabic Classical Accounts of India and China* (*Relatos árabes clássicos da Índia e da China*), de S. Maqbul Ahmad, publicado em Calcutá em 1989; e a fixação anotada e o estudo de Sayf Chahin al-Murikhi, de 2005, que adota o título *Aja'ib al-dunya wa qiyas al-buldan* (*As maravilhas do mundo e o tamanho dos países*).

O título *Akhbar al-Sin wa al-Hind* (*Relatos da China e da Índia*) vem da referência que o segundo livro faz a si mesmo. O primeiro termo, o plural *akhbar* (singular *khabar*), consiste num tipo de narrativa transmitida oralmente e atribuída a um informante de autoridade reconhecida, mas que não contém o valor profético dos ditos de Muhammad — os quais, por sua vez, são chamados de *ahadith* (sg. *hadith*). Uma vez que os ditos do profeta integram o cânone sagrado do Islã, podemos entender os *akhbar* como seu correspondente na "tradição profana". Semanticamente, na raiz árabe *kh-b-r*, a forma nominal *khabar* designa o produto da ação de *akhbara*, que significa "relatar/informar oralmente" — uma acepção também observada para o verbo *haddatha*, da raiz *h-d-th*, da qual se origina *hadith*. Por isso, o termo "relato" define esse tipo de narrativa coletada a partir de testemunhos orais, proferidos em circunstâncias seculares. As compilações desses depoimentos passaram a adotar o título *akhbar* como forma de se identificar perante a audiência, pela diferenciação com as narrativas de valor religioso. Consolidou-se também a distinção entre dois tipos de conteúdo narrativo: enquanto os ditos do profeta cumprem finalidades morais, teológicas e pedagógicas dentro da religião, os relatos podem até exercer essa função, mas, mais do que isso, são o veículo de circulação dos assuntos mundanos; ainda que esses sejam indissociáveis de seus transmissores muçulmanos e seus pontos de vista, o foco está em sua dimensão humana.

O outro título pelo qual este livro é conhecido, *Silsilat al-tawarikh*, também é retirado do que é considerado por alguns como o início do próprio manuscrito: *Hadha kitab fihi silsilat al-tawarikh...* ("Este é um livro no qual há uma série de histórias..."). De fato, esse título se popularizou antes mesmo de *Relatos da China e da Índia*, desde a fixação de Renaudot impressa por Langlès. Contudo, ele envolve uma ressalva filológica. Há dúvidas plausíveis quanto ao pertencimento do fólio 1 ao conjunto original: sua aparência é de um material diferente dos demais; a caligrafia é de outra pessoa e consta somente em 1b e 148a (respectivamente, a primeira e a última "páginas" escritas); e ele se encerra com a repetição das primeiras palavras de 2a — *... mithl al-chura' wa rubama rafa'a ra'suhu...* ("... como uma vela. Sempre que levanta a cabeça acima da água...") —, um procedimento comum que visa evidenciar que aquele seria o trecho anterior. Por isso, há fixações do texto árabe que preservam o conteúdo de 1b (1a não contém texto), como as de Renaudot e al-Habchi, e outras que se iniciam em 2a, como a de Mackintosh-Smith. Curiosamente, a tradução de Renaudot começa depois de sua própria fixação, na metade do fólio 2b, sugerindo que a aparência estranha e incompleta do trecho anterior já lhe seria tão expressiva a ponto de ter justificado sua supressão.

Em nossa edição brasileira, optamos por iniciar o texto e a tradução sem o conteúdo do primeiro fólio — daí o uso de colchetes no que seria o título do primeiro livro, que não consta do manuscrito — e por apresentá-lo aqui com um breve comentário. Segue o texto que consta no fólio 1b:

> Este livro contém uma série de histórias, terras, mares e tipos de peixes. Nele, há conhecimento astronômico, maravilhas do mundo, as dimensões dos países e suas regiões habitadas, além de bestas e outras coisas incríveis. É um livro precioso.
>
> Capítulo sobre o mar entre as terras da Índia, de Sind, Guz, Maguz, o monte Qaf e a terra de Sarandib, e a conquista de Abu Hubaych, o homem que viveu até os duzentos e cinquenta anos.
>
> Certo ano, quando esteve em Maguz, Abu Hubaych viu o sábio al-Sawah. Voltando com ele ao mar, viu um peixe como uma vela. Sempre que levanta a cabeça acima da água...

A primeira parte, que contém uma espécie de epígrafe descritiva, seria um acréscimo esperado num manuscrito por ser um procedimento recorrente entre copistas. Seu conteúdo condiz com o livro que se segue e, se ocorresse sozinho, não seria discrepante. Contudo, o restante do trecho não é tão plausível quanto esse início. Nesse sentido, um tema em comum se destaca, reforçando a incompatibilidade com o restante do texto: as referências que constam somente aqui têm um caráter genérico, como se servissem tão somente ao propósito de situar o leitor na literatura das maravilhas.

Inicialmente, a inclusão de Guz e Maguz — Gog e Magog/Ya'juj e Ma'juj, nomes das tradições escatológicas judaica, cristã e islâmica — é comum em obras da geografia medieval, que os mencionam como nações do mundo real. Entretanto, a presença de tais figuras e localidades no chamado *Romance de Alexandre* conferiu-lhes um teor literário mais expressivo do que o propriamente geográfico. No caso das obras islâmicas, é comum que sua menção situe o texto num certo *modus* de leitura, acionada como forma de incluir nele uma encarnação da bestialidade apocalíptica. Isso lhes conferiu uma ambivalência própria das narrativas sobre monstros: ao mesmo tempo que despertam medo por representarem uma ameaça — neste caso, a maior possível —, essas figuras também instigam um fascínio por suas aparências e costumes assustadores, e sua importância em histórias de personagens célebres como Dhu al-Qarnayn, o "Bicorne", associado a Alexandre, o Grande, e presente no Alcorão. Essa correlação fez com que as referências a Guz e Maguz se multiplicassem em textos de maravilhas de caráter mais abrangente, fosse como criaturas ou como regiões remotas que demonstrassem o alcance das ações do califado.

A menção seguinte ao monte Qaf reforça essa hipótese por também ser um elemento literário recorrente na geografia literária. Trata-se de um monte mitológico localizado na cadeia de montanhas para além do "Oceano Circundante" (para os gregos, Okeanos; em árabe, Uqianus ou *al-bahr al-muhit*), que cobria completamente o entorno do mundo conhecido e fornecia a água de todos os demais mares, rios e lagos. O monte Qaf não consta na tradição helênica, mas condiz com o tipo de associação que a recepção árabe passou a fazer com certas ideias de contextos e origens variadas em suas histórias. A montanha é tão célebre no folclore do Oriente Médio, que chega a ser considerada local de origem de outra figura frequente nas histórias de maravilhas: o pássaro roca, famoso em *Maravilhas da Índia*, de Burzug Ibn Shahriyar, e nas aventuras do marujo Sindabad — ambas contemporâneas a *Relatos da China e da Índia*, e com temáticas semelhantes. Esse parentesco pode ter orientado um copista posterior a escolher elementos a partir de tais histórias para remeter o *Relatos* ao mesmo contexto, justamente por conhecer a relação entre elas.

Em seguida, temos a menção a dois nomes: Abu Hubaych, "o homem que viveu até os duzentos e cinquenta anos", e o sábio al-Sawah. Nenhum dos dois parece remeter a personagens conhecidos de outros textos. Cada um possui uma única característica de valor mais temático do que descritivo: a longevidade do primeiro ecoa personagens de narrativas da tradição abraâmica referentes a um tempo anterior ao dilúvio, como os gigantes e primeiros profetas; e o segundo recebe apenas o adjetivo "sábio", mas nada sugere quais seriam seus conhecimentos. Em casos como esses, contudo, não podemos eliminar a possibilidade de terem sido referências tão evidentes no contexto de sua adição, que dispensavam suas apresentações. Ainda assim, o efeito pretendido parece ser o mesmo das figuras de Guz e Maguz e o monte Qaf, ou seja: acionar tópicas reconhecidas pela audiência como próprias das histórias de maravilhas. Nesse caso, a premissa obrigatória é de que tais personagens são marcadores inequívocos do mesmo contexto.

Por fim, o que parece resolver a suspeita é o fato de que o restante do livro não apenas não retoma nenhum desses elementos, como também se constitui, em sua maior parte, de informações específicas e narrativas definidas, realçando o contraste com o aspecto genérico desse acréscimo aparente ao manuscrito.

BIBLIOGRAFIA

AFZAL, Nasreen; AZEEM, Muhammad. "Maritime History of Muslims in the Indian Ocean", em *JISR-MSSE*, v. 10, n. 2, jul. 2012, pp. 73–83.

AHMAD, S. Maqbul. "Travels of Abu'l-Hasan Ali B. al-Husayn al-Mas'udi", em *Islamic Culture: An English Quarterly*, v. 28, jan. 1954, pp. 509–24.

____,____. *Arabic Classical Accounts of India and China*. Calcutá/Ximelá: Indian Institute of Advanced Study/Riddhi-India, 1989.

AL-HAMAWI, Chihab al-Din Yaqut bin Abdillah. *Mu'jam al-buldan*. 5 vols. Beirute: Dar Sadir, 1977.

AL-MAS'UDI, Abu al-Hasan Ali Ibn al-Husayn. *Muruj al-dhahab wa ma'adin al-jawhar*. 5 vols. Edição: C. Barbier de Meynard e Pavet de Courteille. Revisão e correção: Charles Pellat. Beirute: Manchurat al-jami'a al-lubnaniya, Qism al-dirasat al-ta'rikhiya, n. 11, 1966–74.

AL-SIRAFI, Abu Zayd. *Akhbar al-Sin wa al-Hind*. Fixação: Tim Mackintosh-Smith. Abu Dhabi/Nova York: Library of Arabic Literature – NYU Abu Dhabi Institute/New York University Press, 2014.

____,____. *Rihlat al-Sirafi*. Fixação: Abdallah al-Habchi. Abu Dhabi: Al-majma' al-thaqafi, 1999.

Autoria desconhecida. *Livro das mil e uma noites*. 5 vols. Introdução, apêndices, notas e tradução: Mamede Mustafa Jarouche. São Paulo: Globo, 2005–21.

Autoria desconhecida. *The Periplus of the Erythraean Sea*. Tradução: Wilfred H. Schoff. Nova York/Londres/Mumbai/Calcutá: Longmans, Green and Co., 1912.

ARIOLI, Angelo. *Isolario arabo medioevale*. Milão: Adelphi, 2015.

BÉNARD, Inês; ACEVEDO, Juan. *Indian Ocean Arab Navigation Studies Towards a Global Perspective: Annotated Bibliography and Research Roadmap*. RUTTER Technical Notes 2. Lisboa: ERC RUTTER Project, Universidade de Lisboa, 2020.

BOSWORTH, C. Edmund; VAN DONZEL, E. J.; HEINRICHS, Wolfhart; PELLAT, Charles. *The Encyclopaedia of Islam: A New Edition*. 13 vols. Leiden: E. J. Brill, 1960–2004.

CURTIN, Philip D. *Cross-cultural Trade in World History*. Cambridge: Cambridge University Press, 1984.

DAYF, Chawqi. *al-Rihlat*. Cairo: Dar al-Ma'arif, 1956.

FAHIM, Husayn Muhammad. *Adab al-rihlat*. Kuwait: Al-majlis al-watani lil-thaqafa wa al-funun wa al-adab, 1989.

FAWZI, Husayn. *Hadith al-Sindabad al-qadim*. Cairo: Matba'at lajnat al-ta'lif wa al-tarjama wa al-nachr, 1943.

FLECKER, Michael. "A Ninth-Century Arab Shipwreck in Indonesia: The First Archaeological Evidence of Direct Trade with China", em *Shipwrecked: Tang Treadures and Monsoon Winds*. Edição: Regina Krahl, John Guy, J. Keith Wilson e Julian Raby. Washington, DC/Cingapura: Arthur M. Sackler Gallery, Smithsonian Institution/National Heritage Board, Singapore Tourism Board, s.d.

FOLTZ, Richard. "Muslim 'Orientalism' in Medieval Travel Accounts of India", em *Studies in Religion/Sciences Religieuses*, v. 37, n. 1, 2008, pp. 81–95.

HASAN, Zaki Muhammad. *al-Rahala al-muslimun fu al-usur al-wusta*. Cairo: Mu'assasa Hindawi lil-Ta'lim wa al--Thaqafa, 2013.

HERMES, Nizar. "The Orient's Medieval 'Orient(alism)'": the *Rihla* of Sulayman al-Tájir", em *Orientalism Revisited: Art, Land and Voyage*. Edição: Ian Richard Netton. Nova York: Routledge, 2013, pp. 207–22.

HOURANI, George F. *Arab Seafaring in the Indian Ocean in Ancient and Early Medieval Times*. Nova York: Octagon Books, 1975.

IBN AL-FAQIH, Abu Bakr Ahmad Ibn Muhammad. *Kitab al--buldan*. Edição: M. J. de Goeje. *Bibliotheca Geographorum Arabicorum*, v. 5. Leiden: E. J. Brill, 1885.

IBN BATTUTA, *Rihlat Ibn Battuta*. Edição: Muhammad Abdulmun'im al-Aryan. Beirute: Dar Ahya' al-Ulum, 1987.

IBN KHURDADHBEH, Abu al-Qasim Ubaydullah Ibn Abdallah. *Kitab al-masalik wa al-mamalik*. Edição: M. J. de Goeje. *Bibliotheca Geographorum Arabicorum*, v. 6. Leiden: E. J. Brill, 1886.

IBN RUSTEH, Abu Ali Ahmad Ibn Omar. *al-A'laq al-nafisa*. Edição: M. J. de Goeje. *Bibliotheca Geographorum Arabicorum*, v. 7. Leiden: E. J. Brill, 1891.

ISLAM, Arshad. "Arab Navigation in the Indian Ocean before European Dominance in South and Southeast Asia: A Historical Study", em *Journal of Pakistan Historical Society*, v. 58, n. 2, s.d.

KILGER, Christoph. "Kaupang from Afar: Aspects of the Interpretation of Dirham Finds in Northern and Eastern Europe between the Late 8th and Early 10th Centuries", em *Means of Exchange: Dealing with Silver in the Viking Age*. Edição: Dagfinn Skre. Tradução: John Hines. Kaupang Excavation Project Publication Series, v. 2, Norske

Oldfunn XXIII. Oslo: Aarhus University Press & the Kaupang Excavation Project, University of Oslo, 2007.

KING, Anya H. *Scent from the Garden of Paradise*. Leiden/Boston: E. J. Brill, 2017.

KOWALSKA, Maria. "From Facts to Literary Fiction: Medieval Arabic Travel Literature", em *Quaderni di Studi Arabi*, v. 5/6. Roma: Istituto per l'Oriente C. A. Nallino, 1987-88.

KRACHKOVSKII, Ignatii Iulianovich. *Ta'rikh al-adab al--jughrafi al-arabi*. 2 vols. Tradução: Salahuddin Othman Hachim. Moscou/Leningrado: Comitê de Composição, Tradução e Prosa, 1957.

LIU, Xinru. *The Silk Road in World History*. Nova York: Oxford University Press, 2010.

MACKINTOSH-SMITH, Tim. *Accounts of China and India*. Nova York: New York University Press, 2017.

MIQUEL, André. *La Géographie Humaine du monde musulman jusqu'au milieu du 11ᵉ siècle*. Paris: Éditions de l'EHESS, 2001.

POLO, Marco. *The Book of Ser Marco Polo*. 2 vols. Tradução e edição: Henry Yule. Revisão: Henri Cordier. Londres: John Murray, 1903.

TOLMACHEVA, Marina. "The Indian Ocean in Arab Geography", em *Terra Brasilis (Nova Série)*, n. 6, 2015.

TOUATI, Houari. *Islam & Travel in The Middle Ages*. Tradução: Lydia G. Cochrane. Chicago/Londres: University of Chicago Press, 2010.

SOBRE A ILUSTRADORA

Sandra Jávera nasceu em São Paulo em 1985. Graduou-se em arquitetura na Universidade de São Paulo e em 2010 começou a trabalhar com desenho — com interesse especial no desenvolvimento de ilustração para livros. Paralelamente, desenvolveu trabalhos experimentais com tecido, cerâmica e gravura. Desde o início de 2022 vive e trabalha em Berlim.

As ilustrações de *Relatos da China e da Índia* nasceram de um intenso diálogo entre Sandra e Cristina Gu, a designer gráfica e diretora de arte do projeto. Foram alguns meses de trocas quase diárias de referências visuais, áudios e textos sobre os possíveis caminhos gráficos que iam surgindo a partir das leituras do livro. A aventura e os estranhamentos diante do outro e do grotesco foram o norte para o desenvolvimento das imagens. As ilustrações foram criadas à mão e depois manipuladas digitalmente a fim de incorporar variadas texturas e manchas, que, além de trazerem maior profundidade, contribuem para dar a sensação de que as imagens vieram até nós arrastadas e desgastadas pela água do mar e pelo tempo.

SOBRE O TRADUTOR

Pedro Martins Criado é doutorando no Programa de Pós-Graduação em Letras Estrangeiras e Tradução (PPG-LETRA) da Faculdade de Filosofia, Letras e Ciências Humanas da Universidade de São Paulo (FFLCH/USP), pela qual também é mestre em Estudos Árabes e bacharel em Árabe e Português. Pesquisa temáticas pertinentes à literatura árabe islâmica, à historiografia, à geografia e aos relatos de viajantes em fontes escritas durante o período pré-moderno. Como tradutor, propõe-se a contribuir para a divulgação da literatura e da história árabes entre o leitorado de língua portuguesa.

Relatos da China e da Índia ilustra muito bem uma intersecção de diferentes aspectos de suas linhas de interesse por mesclar o factual, o ficcional, o informativo, o mundano, o maravilhoso, assim como as diversas realidades e linguagens de seus narradores que, apesar de escreverem em árabe, convivem com uma multiplicidade de idiomas e culturas. É uma tradução que apresenta uma partícula do que muçulmanos do passado sabiam sobre comunidades de regiões remotas do mundo, além de retratar suas interações com tais pessoas e lugares.

Para a Tabla, Pedro traduziu *Beirute noir*, uma coletânea de contos contemporâneos ambientados na capital libanesa, organizada pela escritora Iman Humaydan.

Este livro foi composto em Nassim e Silva, e impresso em papel Pólen Bold 90 g/m² pela gráfica Ipsis em novembro de 2022.

MISTO
Papel | Apoiando o manejo florestal responsável
FSC
www.fsc.org
FSC® C011095

Dados Internacionais de Catalogação na Publicação (CIP)

S619r

Sirafi, Abu Zayd al-Hasan al-
    Relatos da China e da Índia / Abu Zayd al-Hasan al-Sirafi; tradução e pesquisa Pedro Martins Criado; ilustrações Sandra Jávera. — Rio de Janeiro: Tabla, 2022.
    160 p.: il., mapa; 21 cm.

    Tradução de: Akhbar al-Sin wal-Hind.
    Tradução do original em árabe.

    ISBN 978-65-86824-39-1

    1. China — Descrições e viagens — Obras anteriores a 1800. 2. Índia — Descrições e viagens — Obras anteriores a 1800. I. Criado, Pedro Martins. II. Jávera, Sandra, 1985 — III. Título.

CDD 915.104

Roberta Maria de O. V. da Costa — Bibliotecária CRB-7 5587

TÍTULO ORIGINAL
أخبار الصين والهند / *Akhbar al-Sin wal-Hind*

TRADUÇÃO
© Pedro Martins Criado

ILUSTRAÇÕES
© Sandra Jávera

EDITORA
Laura Di Pietro

PROJETO GRÁFICO E COMPOSIÇÃO
Cristina Gu

REVISÃO
Juliana Bitelli
Gabrielly Alice da Silva

[2022]
Todos os direitos desta edição
reservados à
EDITORA ROÇA NOVA LTDA.
+55 21 99786 0747
editora@editoratabla.com.br
www.editoratabla.com.br

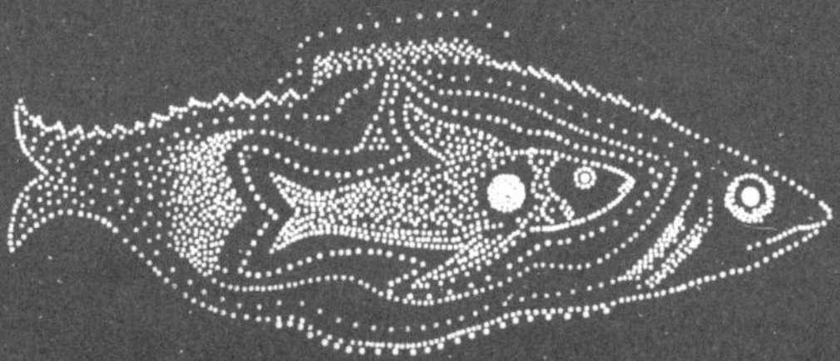